DES PEINES DE LA RÉCIDIVE

ET DE

LA RELÉGATION

DES RÉCIDIVISTES

(Loi du 27 mai 1885 et Décrets réglementaires)

PAR

ALBERT EYQUEM

PROCUREUR DE LA RÉPUBLIQUE A BLAYE

DOCTEUR EN DROIT

LAURÉAT DE LA FACULTÉ DE DROIT DE BORDEAUX AU CONCOURS DE DOCTORAT (1876)

(Médaille d'or.)

PARIS	BORDEAUX
L. LAROSE & FORCEL	FERET & FILS
ÉDITEURS	ÉDITEURS
Rue Soufflot, 22.	Cours de l'Intendance, 15.

1889

DES PEINES DE LA RÉCIDIVE

ET DE LA

RELÉGATION DES RÉCIDIVISTES

Bordeaux. — Imp. G. GOUNOUILHOU, rue Guiraude, 11.

DES PEINES DE LA RÉCIDIVE

ET DE

LA RELÉGATION

DES RÉCIDIVISTES

(Loi du 27 mai 1885 et Décrets réglementaires)

PAR

ALBERT EYQUEM

PROCUREUR DE LA RÉPUBLIQUE A BLAYE

DOCTEUR EN DROIT

LAURÉAT DE LA FACULTÉ DE DROIT DE BORDEAUX AU CONCOURS DE DOCTORAT (1876)

(Médaille d'or.)

PARIS

L. LAROSE & FORCEL

ÉDITEURS

Rue Soufflot, 22.

BORDEAUX

FERET & FILS

ÉDITEURS

Cours de l'Intendance, 15.

1889

BIBLIOGRAPHIE

AUZIÈS. *Les Récidivistes et la loi du 28 mai 1885,* 1885.

BERTON. *De la Relégation,* 1886.

BERTON. *Code de la relégation et des récidivistes,* 1886.

BŒUF. *Explication sommaire de la loi du 27 mai 1885,* 1886.

DEPÈIGE. *Commentaire pratique de la loi du 27 mai 1885,* 1886.

GARÇON. *Dans quels cas la relégation doit-elle être prononcée,* 1885.

GAY. *De la relégation dès récidivistes,* 1886.

JAMBOIS. *Code pratique de la relégation,* 1886.

LE POITTEVIN. *Commentaire pratique de la loi du 27 mai 1885,* 1887.

PIGNON. *De la rélégation des récidivistes. Nature et effets,* 1887.

SIMON. *Texte de la loi sur les récidivistes, suivi d'observations,* 1886.

TOURNADE. *Commentaire de la loi sur les récidivistes,* 1885.

YVERNÈS. *Note sur les arrêts de la Cour de Cassation, en matière de relégation,* 1889.

Voir également différentes notes d'arrêtistes, et notamment celles de M. Louis Sarrut, dans le *Recueil périodique* de Dalloz.

Les arrêts cités sont tirés, la plupart, du *Bulletin* de la Cour de Cassation, du *Périodique* de Dalloz ou des *Pandectes françaises.*

DES PEINES DE LA RÉCIDIVE

ET DE LA

RELÉGATION DES RÉCIDIVISTES

EXPOSÉ SOMMAIRE DES CHATIMENTS INFLIGÉS AUX RÉCIDIVISTES DANS L'ANCIEN DROIT ET DANS LE DROIT MODERNE ET TRANSFORMATION DE LA LÉGISLATION DE 1810 A NOS JOURS.

I

Au lendemain du jour de la promulgation de la loi du 27 mai 1885, il pourrait paraître oiseux de se demander et de rechercher si le droit de punir autorise à aggraver le châtiment du récidiviste. L'exil perpétuel est aujourd'hui décrété, sous certaines conditions, contre certains criminels récalcitrants : ni au Parlement, ni dans la presse ne se sont élevées des voix pour contester en principe le droit du législateur. En présence d'un péril social grandissant, les philosophes, eux-mêmes, se sont tus. Et pourtant il n'est pas bien éloigné le temps où l'on discutait le droit d'aggravation de peine aux récidivistes. Il est vrai que si l'on a beaucoup écrit et beaucoup disserté sur la question au point de vue moral, les solutions les plus généralement admises satisfont la raison tout en consacrant les errements historiques et législatifs. Il est rationnel, en effet, de punir plus sévèrement celui qui persévère dans la faute que celui qui en est à son coup d'essai. Les législations de tous les pays et de tous les temps ont admis dans leurs codes ce principe de raison et de justice, formulé par de vieux auteurs en la forme suivante : *Gravius multo puniendus est qui ter deliquit quam qui bis.*

On ne songe plus donc, aujourd'hui, avec Carnot et Alauzet, à soutenir qu'aggraver le châtiment du récidiviste, c'est le punir deux fois; avec M. Ch. Lucas, que c'est immoral, parce que la récidive prouve l'inefficacité de la répression et l'insuffisance de la correction et qu'il ne faut pas faire retomber sur le condamné les vices de notre système pénitentiaire; avec M. Tissot, que les éléments d'aggravation doivent être puisés non pas dans les antécédents, mais dans les faits eux-mêmes.

Nous n'entreprendrons point de répondre à ces objections qui, si elles n'eussent été déjà victorieusement réfutées en doctrine, devraient, tout au moins, être de bien peu de portée en présence des monuments du passé et du présent. La raison d'État, les nécessités sociales, s'il y avait échec aux principes, leur seraient une réponse suffisante et sans réplique.

Nous n'avons pas besoin d'insister longuement non plus sur les législations anciennes et modernes. A Rome comme à Athènes, comme en Perse, les antécédents avaient une influence marquée sur l'application du châtiment. Hérodote le rapporte pour l'ancien empire de Xerxès; Platon et Aristote n'admettent point que l'on retombe impunément dans une même faute. Dans le droit romain, on n'a que l'embarras du choix entre les textes qui aggravent la peine des criminels récidivistes [1]; il existe même une loi de l'empire qui les déclarait déchus du droit de grâce [2].

Dans l'ancien droit français et dans les pays de droit écrit, c'est la législation romaine qui est en vigueur. Dans les pays de coutume, ceux que les barbares, Francs, Burgondes, Saxons, ont soumis à leur domination, il ne faut pas penser trouver de trace du principe de la récidive. Le motif en est simple : la peine n'était point considérée comme la sanction d'un contrat social ou d'un principe de morale, mais bien plutôt comme une vengeance en même temps qu'une réparation due à la victime. On punissait d'abord pour venger, de là l'institution des guerres de famille, des vendettas, dont on trouve encore des vestiges en Corse. Aux vendettas succède le talion qui est un progrès, et au talion le système des indemnités pécuniaires ou wergheld qui en est un bien plus grand encore. Avec les indemnités pécuniaires allouées à la victime ou à sa famille, tarifées scrupuleusement suivant la gravité des faits, peut-il être question de majoration de châtiment à raison des antécédents du coupable? Évidemment non. On cherchait à dédommager la victime ou sa famille, bien moins qu'à punir ou amender l'agent; aussi ne pouvait-on guère attribuer une indemnité plus forte à raison des antécédents des coupables.

Peut-être dans la loi wisigothe, peut-être chez les Lombards trouve-t-on trace des principes de la récidive; peut-être aussi ces législations, toutes rudimentaires

---

[1] L. 4 et 8, §§ 6 et 7. — L. 28, §§ 10, 13 et 14, *De Pœnis* Dig. — L. 8, § 1, *De Episc. auditu* Cod. — L. 1, *De Jur. patr.* Dig. — L. 3, § 9, *De re milit.* Dig. — L. 1, *De Superexact.* Cod. — L. 4, *De Serv. fug.* Cod.

[2] L. 3, *De Episc. auditu,* Cod.

qu'elles étaient, se ressentaient-elles du contact de la législation romaine.

Dans la période de notre ancien droit que nous pouvons
nommer coutumière et monarchique, les peines étaient
aggravées en cas de pluralité d'infractions, qu'une
condamnation ait été subie ou non; l'aggravation consis-
tait en amendes, peines corporelles ou peine capitale (1).

Nous n'examinerons point les peines qu'entraînait la
récidive pour chaque délit, ce qui serait intéressant au
point de vue historique; nous montrerons, uniquement
pour l'exemple, combien le blasphème était sévèrement
puni; encore négligerons-nous les détails. A l'origine, les
blasphémateurs, ces coupables qui irritent la colère divine
et attirent sur leur patrie la famine et la peste *(ex hoc
enim, Deus irascitur, fames et pestilentiœ fiunt)*, étaient,
sous Charlemagne, punis de mort; sous Louis IX, la mu-
tilation, la perforation de la langue remplaçaient le châtiment suprême. Quand l'amende devint la peine normale,
les délits augmentèrent en quantité et alors on n'appliqua
qu'aux troisième, quatrième ou cinquième récidive des
peines excessives. Sous Louis XI, les lèvres étaient cou-
pées « de manière que les dents appéraient ». La perforation de la langue était encore en usage au bout d'un
certain nombre de rechutes, sous Louis XIV et Louis XV.

Enfin, comme en droit romain dans certains cas, des
déchéances particulières frappaient les récidivistes : c'est
ainsi que nous les voyons traduire devant une juridiction
spéciale, jugés sans appel, déchus du droit de grâce,

---

(1) Ordonnances des 1er janvier 1549, — 15 janvier 1560, — 22 avril 1561, —
13 août 1669. — Coutumes de Bordeaux, chap. XII, art. 113, — de Bayonne,
tit. XXV, art. 2 et 3, — de Lodunois, chap. XXXIX, art. 8, — du Nivernais,
chap .I, art. 8, — de Sole, art. 9.

privés de leurs droits civiques et soumis à la flétrissure de la marque, sans compter qu'ils avaient quelquefois leur maison rasée et leurs biens confisqués.

La marque n'était pas seulement une flétrissure; elle servait également à reconnaître le coupable, tenait lieu, lors de l'application de la peine, des renseignements aujourd'hui fournis par le casier judiciaire. Une fleur de lys, la lettre initiale du crime ou de la peine, la lettre R, tels étaient les différents signes qu'on imprimait au fer rouge sur le front des condamnés.

Que subsiste-t-il dans le droit intermédiaire des vestiges du passé?

Lorsque la royauté tomba, au souffle des principes de 1789, qu'une société nouvelle, avec des besoins et des aspirations nouveaux, jaillit du choc des trois ordres, une des premières réformes à réaliser dans le domaine judiciaire fut l'unification des juridictions. Rendre commune, en principe, à tout homme la justice du pays; supprimer les échelons qui menaient au bout de longues années aux arrêts de juges sans appel; généraliser les lois et abolir les droits exceptionnels avec les tribunaux d'exception, telle était la ligne de conduite qui s'imposait alors, aussi bien dans le domaine du droit pénal que dans le domaine civil.

L'œuvre du législateur était lourde, aussi ne faut-il pas s'étonner qu'avec si peu de temps, deux ans à peine, pour édifier le monument gigantesque qu'il nous a laissé, sa tâche soit demeurée incomplète. Le droit pénal intermédiaire dut-il aussi, en 1810, être remanié et modifié sous le nom de Code Pénal. Mais il n'est pas inutile de voir combien alors, pour n'être pour ainsi dire que provisoire, cette œuvre était sagement conçue. Si l'exagération du châtiment, legs du droit de la veille, est la marque de cette période, combien logiques et rationnelles étaient les lois nouvelles.

Ce sont les lois du 22 juillet 1791 et du 25 septembre de la même année qui, avec le Code des Délits et des Peines de brumaire an IV, vont remplacer tout l'arsenal varié des lois de l'ancien régime. C'est dans ces textes que nous trouvons la distinction, qui est encore consacrée aujourd'hui, des fautes en contraventions et délits (aussi appelés infractions aux règlements de police municipale et correctionnelle), et en crimes.

En principe, sous l'empire de ces lois, seule la récidive spéciale était punie; il ne faudrait cependant pas prendre le mot au pied de la lettre : c'est plutôt la spécialité dans le genre que la spécialité dans l'espèce qui était consi-dérée; en sorte que le système du droit intermédiaire tenait le milieu entre la législation actuelle qui punit la récidive absolue et l'ancienne qui prévoyait surtout la récidive spéciale dans une même infraction. Dans le droit intermédiaire les infractions étaient comprises sous une nomenclature générale à cinq divisions : délits contre les mœurs, contre la religion, contre l'ordre social et la tranquillité publique, contre les personnes, contre la pro-priété. Il n'y avait d'aggravation, en principe, que lorsque la seconde infraction était de la même catégorie que la première.

La loi du 23 juillet 1791 visait les délits de police muni-cipale (aujourd'hui contraventions) et ceux de police cor-rectionnelle (aujourd'hui délits). Presque toutes les infrac-tions prévues et punies par les différentes dispositions de cette loi s'aggravaient avec obligation pour le juge d'in-fliger le double en cas de récidive. Dans certains cas, l'aggravation était ou pouvait être supérieure au double et le coupable justiciable d'une juridiction d'ordre plus élevé. C'est ainsi que les contrevenants à l'article 29, titre II de la loi, étaient déférés aux tribunaux correctionnels au lieu de l'être à ceux de police, exemple qu'on ne trouverait peut-être actuellement que dans la loi du 19 janvier 1873 sur l'ivresse publique; ceux qui violaient en récidive l'article 40, titre I, étaient jugés criminellement au lieu de l'être par les tribunaux de police correctionnelle; des confiscations spéciales frappaient le récidiviste et le jugement était affiché à ses frais.

En résumé, la loi du 22 juillet 1791 prévoyait en matière de récidive une quadruple aggravation : Latitude d'un maximum. — Renvoi devant une juridiction supérieure dans certains cas. — Obligation pour le juge de prononcer une peine double dans tous les cas. — Confiscation et affiches.

La loi du 25 septembre 1791 complétait au point de vue criminel celle de juillet de la même année. Le criminel, en récidive, était déporté, sauf dans deux cas : si, à la première condamnation, il avait été puni du carcan ou de la dégradation civique; dans ces deux hypothèses, le récidiviste était puni de deux années de détention.

Cette peine de la déportation, que le législateur de 1791 n'infligeait qu'aux criminels, ne reçut aucune consécration pratique, soit que l'état des finances ne le permît pas, soit que les règlements d'administration publique qui devaient désigner les lieux de déportation ne pussent être pris. On ne connaissait alors ni la Guyane, ni la Nouvelle-Calédonie, comme colonies pénitentiaires, ni aucun lieu équivalent.

L'impossibilité dans laquelle se trouvait le pouvoir d'exécuter la loi de 1791, les évasions fréquentes de ceux qui étaient détenus en attendant la déportation, amenèrent le législateur de l'an X à substituer au châtiment resté théorique de la déportation une peine effective. La loi du 23 floréal de cette année, sans abroger celle de 1791, prononçait provisoirement, jusqu'à l'époque où la déportation pourrait être exécutée, la flétrissure de la marque contre les criminels récidivistes.

La loi du 25 frimaire de l'an VIII apporta certaines modifications à celle de 1791 et notamment dans son article 15 édicta que l'aggravation de châtiment ne serait encourue, en récidive, que si le délit avait été commis dans les trois années à compter de l'expiration de la première peine; innovation heureuse que le législateur de 1810 eut le tort de ne point respecter, mais dont l'idée, sous une autre forme, renaîtra avec la loi de 1885.

Le Code de brumaire an IV maintint les lois de 1791 et réglementa uniquement la récidive en matière de contraventions municipales et de simple police.

Le Code de 1810, en abrogeant les lois antérieures, vint nous doter d'un système tout nouveau. Nous avons vu qu'en principe l'aggravation était obligatoire en matière correctionnelle; que le double de la peine devait être prononcé, avec faculté dans certains cas pour le juge d'atteindre un maximum beaucoup plus élevé; que la déportation puis la marque furent les châtiments réservés aux criminels; qu'enfin, pour que le récidiviste encourût, une majoration de peine, il fallait que la rechute eût lieu dans un certain délai.

Quels effets avait produit ce système? Au point de vue de l'augmentation ou de la diminution de la criminalité, étaient-ils appréciables? Il est permis d'en douter: si en 1810 le législateur apporte des innovations au droit intermédiaire, si les mesures qu'il prend sont empreintes d'une sévérité moins grande, n'en faut-il pas conclure que la législation antérieure avait été jugée plutôt excessive, bien loin qu'on puisse lui reprocher d'avoir été inefficace et d'avoir contribué à l'augmentation des crimes et délits.

II

En 1810, ce sont les articles 56, 57 et 58 du Code Pénal, aujourd'hui encore en vigueur après avoir subi plusieurs modifications successives avec les lois de 1832 et 1863, qui prévoyaient les principaux cas de récidive.

Nous arrivons ainsi à la période contemporaine, qui appartient au droit plutôt qu'à l'histoire.

Bientôt va se poser une question nouvelle qui n'a point de précédents dans le passé et qui va créer de sérieuses difficultés au législateur : c'est l'augmentation croissante de la criminalité, dont l'un des éléments principaux, ainsi que nous aurons l'occasion plus loin de le démontrer, est l'augmentation elle-même des récidivistes au sens le plus large du mot et l'abus des courtes peines. C'est là un danger contemporain dont on chercherait vainement trace dans l'ancien droit, et la raison s'en dégage facilement. Avant 1789, la justice pénale se faisait remarquer par la sévérité et la cruauté de ses châtiments; la crainte de la peine était-elle pour beaucoup le commencement de la sagesse? Il faut bien le croire, puisque la progression effrayante et sans cesse croissante des délits et des crimes est un mal de notre époque, et qu'il faut bien constater que les peines sont en principe de moins en

moins sévères et dans la pratique de plus en plus faibles.
M. Bonneville de Marsangy, dans sa remarquable étude
sur la récidive appelait cela l'énervement de la justice
pénale et signalait, il y a quarante ans, le danger qu'il
entrevoyait déjà et qui aujourd'hui fait tous les jours des
progrès. Il paraît donc incontestable, et cela est humain,
et cela est logique, que plus les peines sont faibles, plus
les infractions sont nombreuses.

Nous allons essayer de montrer à la suite de quelles
transformations successives la justice pénale est arrivée,
pour nous servir des termes cités plus haut, à cet état
d'énervement; comment et par quelles transitions au
régime antérieur à 1810 a succédé celui que nous possé-
dons aujourd'hui.

L'œuvre actuelle du législateur est bien incomplète,
bien imparfaite même puisque, loin d'atteindre le but
qu'il se propose, il arrive à des résultats absolument
inverses. — L'une des causes principales de l'augmentation de la criminalité, avons-nous dit, est l'augmentation elle-même du nombre des récidivistes : des récidivistes, il est vrai, dans le sens étymologique du mot;
mais nous verrons également que le nombre des récidivistes légaux s'accroît chaque année et que pour les uns
et pour les autres les causes de cet accroissement sont
les mêmes. Elles procèdent, en effet, de l'insuffisance du
châtiment. Le récidiviste, dans le sens absolu et étymolo-
logique du mot, n'encourt pas un châtiment plus élevé,
par cela même qu'il a des condamnations antérieures : les
peines varient bien d'un minimum à un maximum, mais
les tribunaux trouvent toujours des circonstances atténuantes et, sous l'égide de l'article 463, le délinquant ne
se voit même pas infliger le minimum légal prononcé par

la loi. Pour le récidiviste légal, l'on pourrait croire qu'il va encourir les rigueurs de la justice. Ce mot seul de récidiviste révèle aux yeux du vulgaire un homme dangereux, passible fatalement de peines très graves. Il n'en est rien; légal ou non légal, le récidiviste est traité, on peut le dire sur le pied d'égalité. Par le jeu des circonstances atténuantes, en effet, le récidiviste au sens juridique du mot, celui qui a encouru une condamnation criminelle ou un emprisonnement de plus d'une année, peut n'être puni que d'une simple amende. Il est vrai qu'en théorie il subit le maximum de la peine prononcée par la loi et que ce maximum peut être élevé au double! Mais de la théorie à la pratique il y a un abîme, si bien qu'il n'est pas téméraire d'affirmer que les articles 56, 57 et 58, les deux derniers particulièrement, ne reçoivent à l'heure actuelle aucune application efficace.

Les législateurs qui se sont succédé dans le courant du XIXe siècle, obéissant aux nécessités des temps, cédant aux tendances humanitaires et à des sentiments d'une philanthropie souvent mal placée, ont sans cesse transformé l'œuvre première pour la rendre de moins en moins absolue, de moins en moins sévère, en attribuant aux tribunaux les pouvoirs les plus étendus dans le domaine de l'indulgence; réaction, si l'on veut, à l'excessive cruauté de la justice de l'ancien régime, mais réaction tellement violente et si peu mesurée qu'elle a engendré un véritable danger qui préoccupe depuis plusieurs années les criminalistes.

De 1810 à nos jours toutes les réformes du Code Pénal sont, en effet, empreintes du même esprit. Leur but est d'atténuer la rigueur de la législation criminelle ou correctionnelle. Nous n'irons pas entreprendre l'examen des

lois de 1832 et 1863, les principales en la matière et qui
ont modifié de nombreux textes. Nous plaçant uniquement au point de vue de la récidive et des circonstances
atténuantes, nous montrerons que ces deux institutions,
qui semblent incompatibles, se sont pour ainsi dire combinées entre elles, de telle sorte que la première a été
étouffée par la seconde, et que l'indulgence s'est bientôt
trouvée érigée en principe. Ce qui était devenu une règle
législative dans certains cas seulement, devint peu à peu
un abus dans la pratique; la clémence, qui semblait avec
la loi de 1810 et 1824 devoir n'être réservée qu'à des criminels spéciaux, profitera bientôt à tous les délinquants;
l'exception va devenir règle générale.

En 1810, l'article 463 n'existait pas, au criminel. Les
peines criminelles sévères en elles-mêmes, conséquence
du verdict du jury, effrayaient le juge du fait, qui souvent
préférait rapporter, contre sa conscience, une déclaration
de non-culpabilité plutôt que de voir appliquer par la
cour pour des crimes dont il n'entrevoyait pas la gravité
des peines qu'il trouvait disproportionnées, non pas à
l'intention criminelle, c'est un élément dont il est
fort peu tenu compte, mais au préjudice causé. N'est-ce
pas, d'ailleurs, encore aujourd'hui un reproche qu'avec
juste raison la juridiction du jury peut encore encourir?
Ces acquittements scandaleux, véritable révolte contre la
loi, que tous les jours l'on voit prononcer, n'en témoignent-ils pas? Et cette coutume générale des parquets
d'intervertir l'ordre des juridictions, de déférer au tribunal, par suite d'une correctionnalisation opportune,
certaines affaires qui devraient ressortir de la cour
d'assises et qui, bien souvent par crainte d'acquittement
se terminent à l'audience de police correctionnelle, ne

prouve-t-elle point encore que l'on se défie des verdicts d'un juge trop impressionnable et trop versatile?

Au début, on respectait l'ordre des juridictions, on ne correctionnalisait par les affaires; aussi les acquittements étaient-ils nombreux. La loi perdait ainsi de son autorité et de sa majesté. Pour étouffer cette insurrection de la justice souveraine du peuple, le législateur, par une loi de 1824, autorisa les cours à reconnaître. dans certains cas (art. 5, 6, 7), qu'il y avait en faveur de l'accusé des circonstances atténuantes et à réduire dans des proportions assez étendues le châtiment prévu par la loi. Toutefois l'article 12 déclarait que la faveur nouvelle ne serait applicable ni aux vagabonds, ni aux mendiants, ni aux individus qui, antérieurement au fait reproché, avaient été condamnés à des peines criminelles ou à un emprisonnement de plus de six mois. La loi de 1824 ne produisit pas les résultats que l'on en attendait; interprétée de la façon la plus large par la jurisprudence, qui allait même au delà de sa lettre en l'appliquant aux récidivistes légaux, elle fut bientôt suivie de la réforme de 1832.

Au point de vue de la récidive, l'article 56 fut remanié conformément aux indications fournies par les cours; il ne fallait plus, pour déterminer l'état de récidiviste, s'attacher à la qualification du fait, mais uniquement considérer la peine subie. La réforme était sage et l'on ne pouvait qu'y applaudir. Pour prévenir, d'autre part, les acquittements qui, malgré la loi peu connue du jury, continuaient à se produire, la loi de 1832 transporta de la cour aux jurés le droit de rechercher et déclarer s'il y avait des circonstances atténuantes.

Au correctionnel, sous l'empire de la loi de 1810, les circonstances atténuantes étaient réservées à ceux qui n'étaient point récidivistes légaux, de telle sorte que par l'article 463 il n'était pas possible, comme cela le devint plus tard, de paralyser les textes prévoyant des majorations de peine en cas de récidive. La loi de 1832 donna aux tribunaux le droit de faire bénéficier même les récidivistes des circonstances atténuantes.

Le système de 1810 se trouve absolument bouleversé par cette réforme. Le nombre des acquittements, les tendances peut-être aussi un peu révolutionnaires des cours, qui violaient ouvertement la loi en faisant application aux récidivistes de l'article 463, quand ceux-ci leur paraissaient dignes d'intérêt ou le méfait de peu de gravité, avaient été les principales causes de cette réforme nouvelle. Après 1832, la bienveillance sera la règle ; il n'y aura plus de cas plus ou moins intéressants, de faits plus ou moins graves ; les circonstances atténuantes seront appliquées sans distinction et en aveugle, et plus on ira moins les tribunaux se montreront sévères ; il faudra des cas exceptionnels pour motiver des peines rigoureuses et écarter l'application de l'article 463. Cela est si vrai, qu'il existe des imprimeurs bien connus de la justice qui fournissent aux différents greffes des minutes sur lesquelles, pour abréger le travail des commis-greffiers, sont imprimées les différentes clauses et mentions de style, appelées à se reproduire dans chaque décision. Il y a des imprimés pour toutes sortes de délits. Eh bien ! l'article 463 figure en permanence sur chacun, c'est comme le : *Par ces motifs...* et les différentes formules des qualités ou du dispositif, une formule qui est de style.

La voilà l'origine du mal que l'on déplore aujourd'hui et que les comptes rendus de la justice criminelle appellent l'abus des courtes peines.

L'œuvre de 1810 formait un tout logique dont chacune des parties était rationnellement rattachée à l'autre. En 1832, c'est une dislocation complète du système. Modifiant une partie de l'œuvre primitive, le législateur ne s'est point aperçu, en 1832, qu'il portait atteinte à une autre face de son édifice, dont il compromettait gravement la solidité. Ce n'est point qu'encore aujourd'hui les articles 56, 57, 58, qui prévoient les peines à infliger aux récidivistes, ne contiennent pas de dispositions suffisamment sévères. Le châtiment qu'ils prononcent est plutôt trop élevé, mais il a le tort, avec la réforme de 1832, d'être devenu facultatif d'obligatoire qu'il était, pour le juge qui, même en cas de récidive, peut, par l'admission des circonstances atténuantes, abaisser la peine jusqu'à une amende. (Art. 463.)

Le législateur moderne semble avoir, dans un intérêt public, relégué au second rang les sentiments de pitié exagérée qu'il avait manifestés dans les diverses réformes apportées au Code Pénal de 1810 à nos jours. En présence du péril social, il a senti la nécessité de prendre une mesure énergique. N'était-ce point l'heure de faire, pour ainsi dire, revivre les articles 56, 57, 58, et surtout les deux derniers, en limitant, dans l'article 463, les pouvoirs du juge? N'eût-il point été logique, pour donner à la loi nouvelle une efficacité que, il faut bien le dire, certains députés semblaient redouter, de punir le récidiviste légal d'un minimum de trois mois et un jour de prison par exemple? On se plaint de l'abus des courtes peines et l'on ne fait rien pour y porter remède. N'eût-il point été désirable aussi, qu'on enjoignît aux tribunaux dans certains cas, quand, par exemple, ils auraient devant eux un prévenu plusieurs fois condamné, non susceptible d'être puni comme récidiviste légal, ou d'être relégué, de lui infliger un châtiment qui ne pût être inférieur à un taux déterminé, trois mois et un jour par exemple, pour que l'harmonie fût complète entre la loi nouvelle et la nouvelle disposition? C'eût été faire entrevoir à certains condamnés la perspective d'une relégation possible, les acheminer plus sûrement à cette peine s'ils demeuraient incorrigibles, les arrêter peut-être sur la pente du vice par la crainte du châtiment perpétuel.

Rien de tout cela n'a été fait. Cependant la voie avait été tracée et un honorable sénateur, M. Bérenger, dans un autre ordre d'idées, il est vrai, avait proposé un contre-projet de loi dans le but, alors, d'éviter que l'on décrétât la relégation des condamnés. Il demandait que l'on renforçât les articles 56, 57 et 58 du Code Pénal. L'idée était bonne, mais le mal auquel on voulait porter remède eût-il été non pas seulement guéri, mais suffisamment atténué par une pareille mesure? C'était une nouvelle expérience à tenter; or, en 1885, l'heure des essais était passée. Il n'en est pas moins vrai que l'on eût pu s'approprier cette idée, qui était excellente, et l'on eût ainsi complété l'œuvre que l'on entreprenait.

Avant d'aborder le commentaire de la nouvelle loi, il nous faut rappeler rapidement comment le législateur a été amené à créer une peine aussi grave que la relégation.

CAUSES ET ORIGINES DE LA LOI DU 27 MAI 1885

Dans son rapport au Sénat, M. de Verninac signalait l'augmentation sans cesse croissante des récidivistes, comme un des faits sociaux qui depuis plusieurs années préoccupaient le plus vivement l'opinion publique : « De » tous les rangs de la société sans distinction, disait-il, il » s'est élevé un cri de frayeur et d'indignation. » Pétitions, vœux des assemblées communales et départementales, promesses inscrites dans les professions de foi aux élections législatives de 1881, dépôts de projets de loi sur les bureaux des Chambres : tous ces faits témoignaient d'une impatience générale que ne démentaient pas les statistiques, et qu'elles ne démentent point encore aujourd'hui.

La criminalité augmente chaque année, mais le facteur principal de cette augmentation n'est autre que le nombre toujours plus grand des récidivistes. Alors que la progression croissante des délinquants primaires ne dépasse guère par année 4 0/0, celle des récidivistes atteint jusqu'à 15 0/0. C'est du moins ce qui résulte du compte rendu de la justice criminelle pour 1886 et ce qui est vrai pour cette année ne l'est pas moins pour les précédentes. M. Ferrouillat, garde des sceaux, fait en effet remonter ses recherches jusqu'à 1882. Or, à cette époque, le nombre des récidivistes était de 80,818 ; en 1886 il s'élève à 92,825, ce qui représente à peu près la moitié des délinquants, soit au juste 48 0/0.

Quelles sont les causes de ce lamentable état de choses?
Depuis longtemps on les signale; tous les ans, le rapport
du Garde des Sceaux sur la justice criminelle les met
en relief : elles se réduisent à quatre; l'indulgence de la
répression au point de vue de la récidive, l'abus des
courtes peines, l'emprisonnement en commun, l'insuffisance des sociétés de patronage. Nous ne saurions mieux
faire que de rappeler les termes mêmes du rapport que
M. Sarrien adressait au Président de la République pour
l'année 1885. « La législation n'aggrave la peine correc-
» tionnelle, est-il dit, que pour les récidivistes qui ont au
» moins subi un an et un jour d'emprisonnement; pour
» les autres, elle ne permet aux juges de se mouvoir
» qu'entre le minimum et le maximum. En outre, elle
» autorise les cours et tribunaux, si les circonstances leur
» paraissent atténuantes, à réduire l'emprisonnement,
» même en cas de récidive, au-dessous du niveau correc-
».tionnel et à y substituer une amende qui peut n'être que
» d'un franc. Il est évident que les faits imputés aux réci-
» divistes ne sont pas toujours très graves et que si on
» les apprécie *in abstracto*, et sans tenir compte du passé
» judiciaire de leurs auteurs, on ne peut prononcer que
» des peines légères; mais il ne faut pas se le dissimuler,
» les courtes peines n'ont aucun caractère intimidant et
» nuisent plutôt qu'elles ne servent à l'amendement. »
Puis le rapporteur indique que la proportion des libérés
qui récidivent est bien moindre pour ceux qui sortent des
maisons centrales ou de réclusion où se purgent des
peines de plus d'un an de prison, que pour ceux qui ont
subi des châtiments de courte durée. Il est vrai que l'on
peut objecter que les peines de réclusion ou de plusieurs
années de prison frappent peut-être des gens moins per-

vers, ceux qui commettent des crimes contre les personnes dont la faute a eu pour mobile une passion, la
colère ou la vengeance, tandis que les voleurs, les vagabonds, les mendiants qui forment le principal contingent
de l'armée des récidivistes, sont ceux qui subissent les
courtes peines, que ce sont là des gens dont on ne peut
rien faire, des incorrigibles du vice qui, une fois la peine
subie, fût-elle forte ou faible, n'en continueraient pas
moins à commettre des infractions(¹). Il y a de l'exactitude
dans cette argumentation, mais elle ne saurait cependant
détruire absolument le fait révélé par la statistique, à
savoir que les courtes peines n'ont aucune action sur les
condamnés.

Dans le même rapport, le Garde des Sceaux établit
du reste la proportion des récidivistes libérés de courtes
peines : « De 1881 à 1885 le nombre des prévenus récidi-
» vistes s'est accru de 9,915 et dans ce chiffre les libérés
» d'un an au moins d'emprisonnement entrent pour 9,335
» ou 94 0/0; par conséquent, l'augmentation est due pour
» les dix-neuf vingtièmes aux condamnés à des courtes
» peines ; les condamnations à quelques jours ou à quel-
» ques mois d'emprisonnement sont d'autant plus fàcheu-
» ses quand elles sont prononcées contre les récidivistes,
» qu'elles s'exécutent dans des maisons en commun où la
» promiscuité ne peut qu'engendrer la corruption morale
» de ceux qui seraient susceptibles d'amendement. »

Il est donc établi que l'abus des courtes peines est l'un
des éléments principaux de l'augmentation de la criminalité. Or, récidiviste légal ou non, tous deux ne subissent

---

(¹) Voir le compte rendu de la justice criminelle pour 1880, rapport de
M. Humbert, page xciii.

que de courtes peines ; nous l'avons avancé plus haut, et
il n'est point difficile de le démontrer irréfutablement.
La statistique va confirmer ce que nous avons affirmé
avoir constaté dans la pratique journalière. Ainsi que nous
l'avons dit, la combinaison de l'article 463 et des articles
57 et 58 autorise les magistrats, même en cas de récidive,
à ne prononcer qu'une peine de simple police. Ils usent
et abusent de ces pleins pouvoirs, si bien que l'aggravation pour récidive prononcée par la loi n'a pas d'application réelle et que si les articles 57 et 58 interviennent
dans les jugements, c'est sous forme de lecture à l'audience et de transcription sur les minutes, à côté de
l'article 463 qui est de style et qui n'apparaît que pour
paralyser leurs effets.

Le doute sur cette question ne saurait résister aux
enseignements de la statistique. Aussi loin que l'on
remonte, l'on constate que parmi ceux qui ont subi une
condamnation à plus d'un an de prison et qui par suite
sont récidivistes légaux, le plus grand nombre subissent,
dans les années qui suivent leur libération, plusieurs condamnations nouvelles et ces condamnations ne sont pas
majorées à raison de leur état.

Ainsi, en 1884, 2,130 individus sur 5,431 sortis des
maisons centrales après y avoir subi une condamnation
d'un an et un jour au moins, étaient repris jusqu'au
31 décembre 1886 ; savoir :

1,062 une fois.	13 sept fois.
532 deux fois.	18 huit fois.
258 trois fois.	4 neuf fois.
135 quatre fois.	4 dix fois.
77 cinq fois.	2 onze fois.
34 six fois.	2 douze fois.

L'on ne saurait affirmer que les 1,062 condamnés seulement une fois après la sortie de la maison centrale, de 1884 à 1886, aient vu leur châtiment aggravé. Il est plus que probable que leur état de récidiviste légal n'a pas été pris pour tous en considération. Mais pour presque tous les autres, les 1,078 restants, il n'est pas téméraire de soutenir que leur peine n'a pas été aggravée, ou si pour quelques-uns, ceux repris deux et trois fois, elle a pu l'être, l'aggravation s'est bornée au maximum de la peine, le juge n'ayant pas usé de la faculté de la porter au double. Et encore faut-il supposer, pour que l'aggravation ait été appliquée dans ces hypothèses, qu'ils aient commis des délits, comme le vagabondage et la mendicité simples dont le maximum est six mois de prison, et qu'à peine libérés ils ont été repris.

Les mêmes enseignements résultent des statistiques qui précèdent celle de 1886 où ces chiffres ont été puisés. Si l'on trouve quelques différences, ce sont des différences de nombre, qui témoignent que plus les années marchent, plus les phénomènes signalés s'accentuent.

Il ressort de ces données que les courtes peines ne sont pas réservées seulement aux délinquants primaires, voire même aux récidivistes, que même le récidiviste légal en bénéficie avec tout autant de générosité.

Et c'est avec raison que MM. les Gardes des Sceaux notent chaque année, comme cause d'augmentation de la criminalité, l'insuffisance de la répression en matière de récidive, l'abus des courtes peines. Il faut ajouter également l'impuissance du régime pénitentiaire et l'absence de protection accordée aux prisonniers libérés.

Quoi qu'il en soit et quelles qu'en fussent les causes,

le mal était grand et le péril menaçant. Signalé chaque année dans le compte rendu de la justice criminelle, dans les rapports annuels des parquets, il appelait sans cesse l'attention des publicistes, il fallait y apporter remède. Le législateur de 1885, pour arrêter radicalement le fléau envahissant, décréta l'exil des malfaiteurs incorrigibles.

En présentant le commentaire de cette loi, nous verrons si son œuvre est suffisante.

LOI DU 27 MAI 1885

Art. 1.

« La relégation consistera dans l'internement perpétuel, sur le territoire de colonies ou possessions françaises, des condamnés que la présente loi a pour objet d'éloigner de France.

» Seront déterminés, par décrets rendus en forme de règlement d'administration publique, les lieux dans lesquels pourra s'effectuer la relégation ; les mesures d'ordre et de surveillance auxquelles les relégués pourront être soumis par nécessité de sécurité publique, et les conditions dans lesquelles il sera pourvu à leur subsistance, avec obligation de travail, à défaut de moyens d'existence dûment constatés. »

Dans l'ancien droit, des tentatives de colonisation à l'aide de prisonniers, dues à l'initiative privée, furent faites ; en 1540, par Jacques Cartier, fondateur au Canada d'établissements français ; en 1600, par le marquis de La Roche, qui obtint du roi Henri IV, comme gouverneur du même territoire, l'autorisation d'emmener à l'île des Sables cinquante détenus, qu'il laissa, d'ailleurs, mourir de faim. En 1674, Colbert eut l'idée de faire défricher la Guyane par des forçats. Cet essai, qui réussit, avait plutôt le caractère d'une entreprise isolée, tentée par le gouvernement, que d'une mesure générale. C'est seulement sous Louis XV, alors que la navigation à voile vint se substituer à la navigation à la rame, et que, par suite de cette transformation, les prisons regorgèrent de galériens qui ne pouvaient plus être utilisés à ramer, que l'on

songea à les transporter aux colonies pour les employer
à la culture des terres. Ces colonisations nouvelles ne
furent pas heureuses. Inaugurées en 1719, elles étaient,
sur la réclamation des colons eux-mêmes, abandonnées
trois ans après.

La pensée de purger le territoire de la métropole de
gens susceptibles de compromettre la sécurité publique
n'était donc pas nouvelle, lorsqu'en 1791 elle fut reprise
par l'Assemblée constituante et en l'an II par la Convention. La loi du 25 septembre 1791 et celle du 22 vendé-
miaire de l'an II, applicables la première aux criminels,
la seconde aux vagabonds ou gens sans aveu, ne reçurent
même pas un commencement d'exécution. En 1885, le
législateur, s'inspirant vraisemblablement de ces précédents, s'inspirant également de cette loi de 1854 sur la
transportation dont on ne pouvait nier les résultats
tangibles; encouragé par les conclusions de la grande
enquête ordonnée en 1872 par l'Assemblée constituante,
sur la proposition de M. d'Haussonville, promulgua la loi
du 27 mai qui n'est, à proprement parler, que la réalisa-
tion des vœux formulés par les cours d'appel, qui toutes
avaient émis l'avis, avec certaines différences de détails
et d'exécution, qu'il fallait transporter les récidivistes
hors de France.

Lors de la discussion de la loi nouvelle, soit au sein des
commissions, soit au cours des débats ouverts devant les
Chambres, le projet de renvoyer au loin les malfaiteurs
incorrigibles ne rencontra pas de sérieuses difficultés,
quoique ses adversaires l'eussent attaqué avec vivacité.
Les objections qui y furent faites étaient surtout empreintes
de considérations humanitaires et de sentiments d'un
égoïsme explicable plutôt que raisonnable de la part des

représentants de la France coloniale. Était-il vrai que la nouvelle peine ne serait qu'un palliatif qui éloignerait le mal sans le guérir? Était-il vrai que les colonies étaient perdues sans retour? Sur ce dernier point, il fut répondu par l'exemple de l'Angleterre, qui n'a point ruiné l'Australie en y envoyant ses *convicts;* on repoussa la première objection en faisant remarquer que le mal pouvait bien n'être point guéri par la loi qu'on élaborait, mais il était permis de supposer que la peine qui allait être prononcée, par sa rigueur même, pourrait donner à réfléchir aux condamnés qui se trouveraient exposés à l'encourir, que peut-être bien ils y regarderaient à deux fois avant de franchir le dernier pas. N'avait-on point, d'ailleurs, comme précédent encourageant, la loi du 30 mai 1854, sur la transportation des condamnés aux travaux forcés? « L'exemple de l'effet produit par la loi du 30 mai 1854, » disait M. le sénateur de Verninac, rapporteur de la loi à » la Chambre Haute, n'est-il pas là pour nous éclairer? Si » l'on considère le mouvement de la grande criminalité » avant et après cette loi, on est frappé de la décroissance » presque immédiate que son application a amenée, non » seulement dans les affaires soumises au jury, mais aussi » dans le nombre des accusés en récidive. »

« On se tromperait étrangement, disait de son côté le » directeur de la maison centrale de Fontevrault, si l'on » supposait que la perspective d'être envoyé à six mille » lieues de la métropole sans espoir d'y revenir, ne fera » pas diminuer le nombre des récidivistes. Ces derniers, » comme tous les Français du reste, tiennent au sol qui » les a vus naître, malgré l'existence misérable qu'ils y ont » menée le plus souvent. J'ai la certitude la plus complète » que lorsqu'on saura, dans les maisons centrales, que la

» loi sur la relégation des récidivistes est rigoureusément
» appliquée, le nombre des malfaiteurs diminuera sensi-
» blement. »

On a objecté encore que la relégation était une peine
équivalente aux travaux forcés, qu'elle allait s'appliquer à
des délits sans gravité en comparaison de crimes punis de
peines infamantes, qu'on renversait ainsi l'édifice de notre
droit pénal, alors surtout qu'il s'agissait d'un simple
accessoire du châtiment principal!

Que la relégation soit l'égale de la peine afflictive et
infamante des travaux forcés, le législateur ne l'a point
voulu; ainsi que nous le verrons, son intention n'a peut-
être point été bien respectée par le pouvoir exécutif aux
mains duquel il s'en était remis pour l'exécution de la loi
dans ses détails : nous aurons aussi l'occasion de montrer
qu'il eût été difficile et dangereux même de faire autrement qu'il a fait; il est plus facile d'émettre un vœu que
de le réaliser.

La relégation est une peine accessoire plus sévère, si
l'on veut, que bien des peines principales qui l'auront fait
prononcer. Cela est vrai; mais est-elle bien l'accessoire
du dernier châtiment? cela est difficile à soutenir. Elle est
l'accessoire d'une série de condamnations, d'antécédents
dénotant une grande culpabilité chez l'agent qui devient
un danger social; la pluralité des infractions constitue
par elle-même l'étendue de la culpabilité, et c'est cette
culpabilité chronique, si l'on peut ainsi parler, dangereuse par cela même, qui a pour sanction une peine
grave. Peu importe donc qu'elle soit prononcée principa-
lement ou accessoirement.

Pourquoi n'avoir pas permis de reléguer à temps? La
raison en a été donnée lors des travaux préparatoires. Si la

relégation eût été temporaire, il était à craindre que la loi eût manqué son effet. Pour assurer au relégué une existence nouvelle, il fallait lui enlever tout espoir de retour. S'il avait su qu'il n'était banni que temporairement de la métropole, on pouvait redouter qu'il manquât d'initiative, qu'il reculât devant une entreprise de longue durée et qu'il végétât sans intérêt, ne songeant qu'à son retour et se soumettant uniquement aux règlements administratifs.

L'on discuta beaucoup dans les Assemblées la qualification qui allait être donnée à la nouvelle peine. Elle fut appelée, d'abord, transportation; on recula devant ce grand mot, qui éveillait l'idée des travaux forcés! Le bannissement ne parut pas non plus convenable. Il ne fallait pas établir de confusion entre la peine politique et celle que l'on créait. Les rares bannis politiques s'en fussent alarmés, les nouveaux bannis en eussent pu tirer vanité et prendre le masque des victimes politiques!

A quels condamnés la relégation est-elle applicable?

La loi n'établit aucune distinction. Tout condamné, homme ou femme, français ou étranger, qui se trouvera réunir les conditions exigées, est passible de la nouvelle peine.

Homme ou femme, disons-nous, car l'on peut objecter que la transportation n'est applicable au sexe féminin que d'une manière facultative et qu'il appartient à l'Administration de décider si telle ou telle condamnée sera envoyée aux colonies. (Art. 4, loi du 30 mai 1854.)

Pour les étrangers, la question n'est pas non plus douteuse: ce qui fait qu'elle a été posée ou qu'elle peut l'être, c'est que les étrangers peuvent être, aux termes de la loi du 3 décembre 1849, après l'expiration de leur peine, reconduits à la frontière; or, dit-on, pourquoi les reléguer puisqu'on a ainsi les moyens de s'en débarrasser? (Art. 7 de la loi). Il faut reconnaître qu'en pratique ces arrêtés d'expulsion n'offrent pas de garanties efficaces : à peine l'expulsé a-t-il passé la frontière, qu'il la franchit de nouveau quelques pas plus loin pour revenir en France; l'exemple de Mlle de Sombreuil, qui a plusieurs fois défrayé la presse et égayé le public aux dépens de certains fonctionnaires et représentant, est trop connu pour que nous ayons à y insister; c'en est un entre mille infractions qui restent ignorées du monde, parce que leurs auteurs ou leurs victimes sont de condition plus humble. La loi de 1849 est donc impuissante à nous protéger. M. Fréry le fit remarquer à la Chambre: on chasse l'étranger par la porte, disait-il, il rentre par la fenêtre; à quoi répondit le ministre de l'intérieur. « Quand l'étranger sera rentré » plusieurs fois de la façon que M. Fréry indique et quand » il aura subi en France un certain nombre de condamna- » tions, nous aurons alors contre lui non seulement l'arme » de la loi de 1849, mais encore les moyens d'action qui » résulteront de la loi actuelle. » (Séance du 7 mai 1883.)

D'ailleurs, le législateur fût-il resté muet au sujet de l'étranger, qu'en vertu de l'article 3 du Code Civil, qui impose aux habitants du territoire français l'observation des lois de police et de sûreté, celui-ci eût dû de plein droit y être soumis. La Cour de Paris avait, cependant, jugé le contraire, mais son arrêt a été cassé par la Cour de Cassation (1).

Le second paragraphe de l'article 1 indique que des

____

(1) Le Poittevin, p. 6. — Paris, 14 janvier 1886. D. P. 86. 2. 49. — Cass., 5 mars 1886. B. 92, p. 153. — D. P. 1886. 1. 138. — P. F. 1886. 1. 112.

règlements d'administration publique détermineront les
lieux de relégation, les mesures d'ordre et de surveillance
auxquelles seront astreints les relégués et les conditions
dans lesquelles il sera pourvu à leur subsistance, avec
obligation de travail, à défaut de moyens d'existence
dûment constatés.

Cette partie de l'article 1 peut avoir son utilité quand
elle indique que les lieux de relégation seront ultérieure-
ment déterminés, mais il faut reconnaître qu'elle fait double
emploi avec l'article 18 de la même loi, sous lequel, nous
aurons à examiner les divers règlements promulgués.

Art. 2.

« La relégation ne sera prononcée que par les cours et tribunaux ordinaires comme conséquence des condamnations encourues
devant eux, à l'exclusion de toutes juridictions spéciales et exceptionnelles.

» Ces cours et tribunaux pourront, toutefois, tenir compte des
condamnations prononcées par les tribunaux militaires et mari-
times, en dehors de l'état de siège ou de guerre, pour les crimes
ou délits de droit commun spécifiés par la présente loi. »

Cet article indique quelles sont les juridictions compé-
tentes à l'effet de prononcer la peine accessoire de la
relégation. Il pose un principe auquel il n'est fait aucune
exception. Toutes les juridictions de droit commun, et elles
seules, peuvent prononcer la relégation. Ce droit est donc
uniquement réservé aux tribunaux correctionnels et aux
cours d'assises. Il avait été question, lors de la discussion,
de laisser aux cours d'assises l'application de cette loi.
Cette opinion n'a pas prévalu et il eût été difficile qu'elle
prévalût. C'eût été d'une part renverser l'ordre des juridic-

tions puisque, le plus souvent, la peine n'aurait été l'accessoire que d'un délit. Pour infliger la peine accessoire, il eût donc fallu déférer aux cours d'assises nombre de prévenus correctionnels, et quelles déceptions n'eût-on pas éprouvées, que d'acquittements dus à la faiblesse du jury n'aurait-on pas eu à déplorer? En sorte qu'on aurait atteint le résultat de faire acquitter des gens dont le casier judiciaire est chargé, alors que s'ils n'eussent subi antérieurement que deux, trois, quatre condamnations non susceptibles de les faire reléguer, ils eussent été déférés aux tribunaux correctionnels et condamnés. En droit et en fait, les conséquences d'une pareille disposition eussent été déplorables.

En second lieu, la nouvelle loi avait pour but de protéger la société contre le récidiviste dans le sens grammatical du mot, ce malfaiteur qui fréquente surtout la police correctionnelle; si on n'eût donné qu'aux cours criminelles le droit de prononcer la relégation, et si, pour éviter le résultat signalé plus haut, on ne leur eût permis de n'infliger cette peine qu'aux seuls criminels, dans le sens légal du mot, le but de la loi était manifestement manqué.

On a bien objecté qu'attribuer à la juridiction correctionnelle le droit d'infliger une peine perpétuelle, c'était méconnaître les règles de la compétence en matière criminelle. Cette objection n'est point sans valeur, il faut le reconnaître, et les réponses qu'on y a faites sont loin d'être satisfaisantes. M. Gerville-Réache, dans son premier rapport à la Chambre, observa que les principes seraient sauvegardés, que les tribunaux correctionnels qui appliqueraient la loi ne prononceraient point la relégation, mais ne feraient, pour ainsi dire, qu'une constatation authentique des antécédents du condamné, constatation qui permettrait plus tard à l'Administration d'exécuter la loi; n'est-ce pas, ajoutait-il, ce qui se passe en matière criminelle? La cour d'assises qui prononce une condamnation aux travaux forcés, ne statue pas sur la transportation, sur l'interdiction légale. C'est la loi qui frappe et non le tribunal!

Cette argumentation ne peut nous convenir. Oui, il est bien vrai qu'il existe des peines qui sont des déchéances consécutives à la condamnation : l'interdiction légale, les déchéances visées à l'article 42 du Code Pénal, la loi du 2 février 1852 sur l'électorat politique (art. 15), etc. Quelques-unes ont un caractère perpétuel et sont bien souvent la conséquence immédiate d'une condamnation même correctionnelle. Mais la relégation est bien autrement grave; ce n'est autre chose que l'exil, un bannissement pour cause étrangère à la politique, un bannissement même très aggravé. Or, n'est-ce point une peine? C'est la loi qui prononce, dit le rapporteur, ce n'est pas le tribunal correctionnel. Erreur! Il est facile de se rendre compte, en effet, à la lecture de l'article 10 de la présente loi, que le tribunal a l'obligation de statuer sur la relégation et de la prononcer.

Pour justifier cette dérogation aux principes, il n'y avait guère qu'un argument : le danger social. On l'a invoqué pour en expliquer d'autres; pourquoi ne pas l'avoir appelé à son aide en la circonstance?

Si les tribunaux de droit commun seuls peuvent appliquer la loi nouvelle, peuvent-ils et doivent-ils tenir compte des condamnations prononcées par les tribunaux d'exception, à raison des crimes ou délits de droit commun spécifiés par la loi nouvelle?

Dans sa seconde partie, l'article 2 tranche la question.

Les tribunaux et les cours pourront en tenir compte, mais ils n'y seront pas contraints. Ainsi, quand parmi les condamnations dont le nombre et la nature justifient l'application de la loi nouvelle, se trouve une décision d'un tribunal maritime ou d'un conseil de guerre par exemple, le juge aura la faculté et non l'obligation de prononcer la peine de la relégation. On en a donné pour raison que le Code de justice militaire prononçait des peines en général beaucoup plus sévères que les tribunaux de droit commun, et qu'il fallait laisser à ces derniers un certain pouvoir d'appréciation, à l'effet de rechercher si, devant eux, la peine prononcée par le tribunal maritime ou le conseil de guerre eût été la même.

Art. 3.

« Les condamnations pour crimes et délits politiques ou pour crimes et délits qui leur sont connexes ne seront, en aucun cas, comptées pour la relégation. »

Comme on l'a fort bien fait remarquer, il fallait enlever à cette loi tout caractère politique : on l'eût fait en déclarant que les condamnations politiques ne pourraient, en aucun cas, servir d'appoint aux diverses séries de condamnations susceptibles d'entraîner la relégation. Peut-être a-t-on été un peu loin en assimilant aux crimes politiques les crimes de droit commun qui leur sont connexes; qu'un de ces malfaiteurs au casier judiciaire bien garni se mêle à une révolution et commette, sous le couvert d'idées politiques plus ou moins raisonnables, un bel et bon assassinat, suivi de vol; qu'un chef d'insurrection improvisé incendie des monuments publics, après avoir rempli ses poches et qu'il soit en état d'être relégué, on ne leur applique point la loi, parce que les crimes de droit commun qu'ils ont commis sont connexes à des crimes politiques. Avec le texte de l'article 227 du Code d'Instruction Criminelle il faut aller aussi loin, car les cas de connexité qu'il énumère ne sont pas les seuls, et il est de jurisprudence qu'il y a connexité entre deux infractions différentes commises par un même auteur. Or, telle est bien aussi la pensée du législateur. Sur l'interpellation de M. de Gavardie qui, prenant l'exemple de l'insurrection de 1871, montrait les conséquences exorbitantes du principe admis, ni la Commission du Sénat, ni aucun sénateur ne donna ou provoqua d'explications nouvelles. Suivant l'esprit de la loi, l'article 3 doit donc être entendu dans le sens le plus large. Il est permis de le regretter. Les malfaiteurs de droit commun sont des instruments trop dociles pour n'être point, dans une période de révolte contre la loi, les premiers serviteurs d'un chef d'insurgés. Pourquoi ne pas les atteindre? Craignait-on que la loi servît un jour aux caprices d'un parti politique contre ses adversaires? Mais est-il donc si facile de remplir les conditions exigées par l'article 4? N'est pas relégable qui veut; il faut des conditions nombreuses et rigoureuses de nombre, de durée de condamnations, de délai pendant lequel elles ont été prononcées. Le bon plaisir d'un parti ne peut suffire pour envoyer aux colonies les récidivistes, en invoquant une raison d'État quelconque. Il faut le reconnaître, la disposition de l'article 3 qui assimile aux délits ou crimes politiques les crimes ou délits qui leur sont connexes, n'est pas heureuse. En voulant enlever à la loi tout caractère politique, les Chambres ont poussé un peu trop loin les conséquences de la règle qu'elles s'étaient imposée. Un peu trop de scrupules, ma foi!

Art. 4.

« Seront relégués les récidivistes qui, dans quelque ordre que ce soit et dans un intervalle de dix ans, non compris la durée de toute peine subie, auront encouru les condamnations énumérées à l'un des paragraphes suivants :

» 1º Deux condamnations aux travaux forcés ou à la réclusion, sans qu'il soit dérogé aux dispositions des paragraphes 1 et 2 de l'article 6 de la loi du 30 mai 1854;

» 2º Une des condamnations énoncées au paragraphe précédent et deux condamnations soit à l'emprisonnement pour faits qualifiés crimes, soit à plus de trois mois d'emprisonnement pour vol, escroquerie, abus de confiance, outrage public à la pudeur, excitation habituelle de mineurs à la débauche, vagabondage ou mendicité, par application des articles 277 et 279 du Code pénal;

» 3º Quatre condamnations soit à l'emprisonnement pour faits qualifiés crimes, soit à plus de trois mois d'emprisonnement pour les délits spécifiés au paragraphe 2 ci-dessus;

» 4º Sept condamnations dont deux au moins prévues par les deux paragraphes précédents, et les autres, soit pour vagabondage, soit pour infraction à l'interdiction de résidence signifiée par application de l'article 19 de la présente loi, à la condition que deux de ces autres condamnations soient à plus de trois mois d'emprisonnement.

» Sont considérés comme gens sans aveu et seront punis des peines édictées contre le vagabondage, tous individus qui, soit qu'ils aient ou non un domicile certain, ne tirent habituellement leur subsistance que du fait de pratiquer ou faciliter sur la voie publique l'exercice de jeux illicites, ou la prostitution d'autrui sur la voie publique. »

C'est l'article 4 qui contient les dispositions capitales de la loi du 27 mai 1885, puisqu'il précise la nature et le nombre des condamnations requises en vue de la relégation, ainsi que les conditions exigées pour être récidiviste suivant la loi nouvelle.

La relégation est-elle obligatoire? Les premiers mots

de l'article 4 ne sauraient laisser aucun doute ; ils consacrent impérativement le principe et l'obligation en ces termes : « seront relégués... » Une seule exception y est faite, celle prévue à l'article 3. Ce n'est point sans discussion que cette disposition de loi a été votée : dans les Chambres, des orateurs en avaient vivement combattu la rigueur. Toutefois, les partisans du système adopté obtinrent le triomphe de leurs idées, en faisant remarquer que toute la loi était dans le principe de l'application obligatoire et que son but serait manqué si on la laissait facultative. L'expérience a surabondamment démontré que les peines qui ne sont que facultatives ne sont presque jamais prononcées ; témoin l'article 42 du Code Pénal, témoin surtout les articles 57 et 58 qui, combinés avec l'article 463, deviennent moins que facultatifs. L'article 42 est, pour ainsi dire, lettre morte. Nous avons montré déjà, statistique en main, qu'en réalité les cours et tribunaux ne font que de très rares applications des seconds. Il fallait, de toute nécessité, se mettre en garde contre les velléités de clémence de la jurisprudence. Aussi l'obligation s'imposait-elle.

Le gouvernement avait été le premier à le comprendre. Dans la séance du 25 juin 1883, M. Waldeck-Rousseau, en des termes difficiles à réfuter, s'exprimait ainsi : « Si vous dites au récidiviste, c'est-à-dire à cet homme » qui ne croit plus à rien, qui a jeté son mépris sur tout, » qui s'est habitué à escompter l'indulgence des tribunaux » et qui, avant d'avoir pris conseil d'un avocat, sait, à » merveille quelle est la meilleure prison et quel est le » juge le plus clément ; si vous dites à cet homme que s'il » vient à voler une cinquième fois, le juge aura l'alterna- » tive ou de le condamner à quelques mois de prison ou de

» le transporter à perpétuité, il escomptera encore la déci-
» sion de la justice, vous n'aurez pas diminué le chiffre des
» délits ou des crimes, mais en revanche vous aurez fait
» au magistrat une situation véritablement insoutenable.

   » Quand on fait une loi de cette nature, il faut se pro-
» poser d'atteindre un autre objet que celui qui consiste-
» rait par un procédé ou par un autre à transporter des
» coupables : ce qui domine la législation en matière
» pénale, ce qui fait qu'en 1854 on a voulu que la trans-
» portation fût encourue de plein droit; la raison pour
» laquelle nous demandons aujourd'hui à la Chambre,
» comme une des conditions les plus essentielles de la
» loi, que la transportation soit la conséquence nécessaire
» de certains délits, c'est qu'il faut qu'une loi pénale
» soit préventive, qu'elle empêche la récidive et qu'il ne
» suffit pas qu'elle la punisse. »

   Ces paroles furent entendues et le principe de l'obligation voté par les deux Chambres. Néanmoins, souvent
la peine ne sera que facultative.

   Il est permis de se demander, en effet, si la loi va, dans
la pratique, produire tous les résultats espérés, et si dans
bien des cas le principe obligatoire ne recevra point des
exceptions.

   Par la lecture même du texte de l'article 4, l'on peut se
convaincre que les condamnations dont le taux minimum
excède trois mois, jouent un rôle prépondérant. Si donc
il manque pour être relégable à un prévenu qui se présente devant la justice pour infraction spécifiée par la
loi, une condamnation à plus de trois mois, soit qu'il n'en
ait subi que deux (§ 2, art. 4) ou trois (§ 3, art. 4) ou six,
dont trois seulement à plus de trois mois (§ 4, art. 4), le
tribunal peut, en appliquant la dernière peine dont le

taux supérieur à trois mois est nécessaire pour entraîner la relégation, le rendre relégable à son gré. Infligeant moins de trois mois ou même trois mois, l'aggravation serait impossible. Eh bien! il est d'ores et déjà acquis que, dans pareils cas, les tribunaux se montrent hésitants et pour ne point frapper d'une peine excessive le prévenu amené à leur barre, ils se laissent aller à le punir de trois mois de prison ou moins. Il est difficile de justifier actuellement, par des documents officiels, le fait que nous avançons, mais il suffit d'avoir fréquenté les audiences correctionnelles pour se convaincre qu'il n'est point chimérique. N'est-il point, d'ailleurs, conforme aux habitudes, et n'avons-nous point démontré plus haut par des chiffres que seules les peines obligatoires liaient le juge? Sont-elles facultatives, et dans les hypothèses énoncées la relégation le devient, elles ne reçoivent que de fort rares applications. Pour être édifié sur les résultats signalés, il serait utile qu'au ministère de la justice l'on fît porter sur ce point la statistique, en exigeant des parquets l'état des condamnés qui eussent été relégables si les tribunaux avaient prononcé une peine supérieure à trois mois.

Pour éviter ce résultat que je considère comme fatal, sans attendre plus ample informé, il aurait fallu décider que seules les décisions définitives pourraient former appoint à chacune des séries de condamnations utiles pour entraîner la relégation, et ne pas mettre le juge dans cette alternative d'avoir à opter entre son devoir et sa faiblesse, ce qui se produit inévitablement, s'il est obligé, avant de reléguer le condamné, de lui infliger une peine qui le rende relégable. Il eût été bien préférable que la relégation ne fût acquise qu'à celui qui arriverait devant la justice avec des antécédents judiciaires complets, pourvu qu'il reparût devant elle pour une des infractions spécifiées par la loi (1).

Ce que nous observons pour les condamnations à plus de trois mois peut également se produire aux §§ 1 et 2, pour la réclusion. La cour d'assises, pour éviter la relégation, pourra bien souvent se laisser aller à descendre, à l'aide des circonstances, atténuantes jusqu'à l'emprisonnement, ce qui écartera l'application de la loi. Mais au criminel, le danger est moins grand. En général, les cours sont plus sévères que les tribunaux, et en fait les condamnés infiniment moins nombreux. Si quelque effet appréciable se produit, ce sera surtout au correctionnel.

Dans quel délai doivent être prononcées les condamnations, pour qu'elles puissent être comptées? — En matière de récidive, à quelque époque qu'ait été prononcée la condamnation première, l'aggravation peut toujours être encourue si l'agent commet une seconde infraction. Au point de vue doctrinal, pareille disposition pouvait être critiquée, car si l'on aggrave un châtiment à raison de la conduite antérieure du prévenu, encore faut-il qu'il soit établi que la première peine a manqué d'efficacité. Or, il est bien difficile de soutenir qu'une peine a été inefficace quand un agent commet deux fautes à plusieurs années d'intervalle, cinq ans, dix ans, quinze ans, par exemple. S'inspirant de ces considérations, le législateur de 1885 n'a jugé malfaiteurs relégables que ceux qui auraient subi, pour faits par lui spécifiés, un nombre déterminé de condamnations, mais seulement dans un intervalle de dix années, déduction faite de la durée des

---

(1) Voir Douai, 20 janvier, — Poitiers, 12 février, — Orléans, 2 mars 1885. — D. P. 1886, 49 et s. — Lyon, 2 février, — Alger, 25 mars 1886. — D. P. 1886, 145 et s. — Cass., 23 août 1888. B. 281. 1888, p. 444.

peines subies. Ainsi donc, pour qu'au moment de sa dernière condamnation un individu soit relégable, il faut que, sans compter la durée des peines qu'il a encourues, il ait subi dans un intervalle de dix ans de liberté les condamnations prévues à l'un des quatre paragraphes de l'article 4.

On s'est demandé si la relégation était applicable à ceux qui, dans une période décennale quelconque de leur existence, auraient subi le nombre de condamnations nécessaire. Les auteurs ont également recherché quel devait être le point de départ de ce délai et quel en était le point extrême.

Quoique le texte ne soit point explicite, il ne paraît point douteux que ce n'est pas parce qu'un individu, dans une période quelconque de dix ans de sa vie, se sera trouvé en état d'être relégué, que l'article 4 lui sera applicable. Il suffit de rappeler le motif qui a fait édicter cette disposition pour être convaincu que telle n'a point été la pensée du législateur. On eût bien pu ne pas déterminer de limites et décider que toutes les condamnations portées au casier judiciaire pourraient être comptées. L'on a reculé devant cette solution parce qu'on ne pouvait regarder comme dangereux et incorrigibles des individus qui commettaient des infractions à cinq, dix, quinze ans d'intervalle. Or, si on considérait une période quelconque de la vie des condamnés et non celle qui précède immédiatement la dernière condamnation, on irait manifestement à l'encontre de l'esprit de la loi (¹). Au surplus,

____

(¹) Cass., 11 mars 1886. B. 101. 1886, p. 167. — D. P. 1886. 1. 138. — P. F. 1886. 1. 107. — Berton, *Relég.*, p. 53. *Code*, p. 46. — Le Poittevin, p. 66. — Garçon, p. 5. — Jambois, p. 36. — Depeige, p. 33. — Tournade, p. 29. — Louis Sarrut. D. P. 86. 2. 55, note. — *Contra* Chambéry, 4 février 1886. D. P. 1886. 2. 58.

cette question ne saurait avoir qu'un intérêt très restreint; car, à moins d'oubli ou d'erreur des tribunaux, dans quelques années, on ne pourra pas trouver de condamnés en état de liberté, ayant pu être relégués dans une période de dix ans quelconque en arrière.

La loi est formelle. Elle exige pour le calcul de la période décennale que l'on ne tienne pas compte du temps passé en prison, « déduction faite des peines subies, » dit-elle. Il ne saurait donc à ce sujet surgir de difficultés. Toutefois il est bon de faire remarquer que les cours et tribunaux devront expressément faire connaître les condamnations qui, quoique ne comptant pas pour la relégation, sont de nature à proroger la période décennale. Serait cassée comme non motivée la décision qui, bien qu'indiquant scrupuleusement les condamnations formant le groupe nécessaire à l'application de la peine, ne mentionnerait pas qu'une de ces condamnations, remontant à plus de dix années en arrière, se trouve entrer en compte par suite de cette circonstance que le condamné aurait, en vertu de décisions postérieures, quoique non comptées pour la relégation, passé en prison assez de temps pour proroger au delà de la décision visée la période décennale (¹).

Quel est le point de départ du délai de dix ans? Est-ce le jour de la condamnation, ainsi que semblent l'indiquer les articles 4 et 9 combinés. Est-ce au contraire le jour de l'infraction dernière? Il paraît logique de décider qu'il faut le placer au jour de l'infraction dernière, ou tout

______

(¹) Cass., 28 mai 1886. B. 195. 1886, p. 316. — P. F. 1886. 1. 143. — 10 juillet 1886. P. F. 1886. 1. 193. — 16 sept. 1886. B. 332. 1886, p. 549. — 4 août 1887. B. 299. 1887, p. 475. — 19 août 1886. — 4 février 1887. — 19 février 1887. D. P. 1887. 1. 233.

au moins, si la date de celle-ci ne peut être précisée, au jour de la constatation de cette infraction. N'est-ce pas, d'ailleurs, conforme aux principes du droit criminel? Est-ce la condamnation qui révèle la perversité? N'est-ce pas plutôt la perpétration du délit? Poser la question, c'est la résoudre. L'opinion contraire est cependant soutenue par des arrêts qui se renferment strictement dans les expressions littérales de la loi. Mais l'article 4, est-il donc si opposé, par ses termes, à l'interprétation que nous présentons? « Il ne parle que de condamnations, ainsi que le » remarque M. Le Poittevin, parce qu'il a condensé dans » une seule disposition toutes les conditions requises pour » que la relégation soit encourue; nature et durée des » peines, délai dans lequel elles doivent être encourues; » mais il n'a pas songé à fixer le point de départ de la » période décennale. » L'arrêt de Cassation du 9 septembre 1886, est formel en ce sens (1).

Nous venons de déterminer le *dies a quo*, il nous reste à rechercher quel est, en remontant dans le passé, le *dies ad quem*? La question peut être intéressante selon que l'on considère le jour de l'arrêt, le jour du jugement ou le jour du délit. Pour les mêmes raisons plus haut énoncées, nous sommes d'avis que c'est au jour du délit et non au jour du jugement ou de l'arrêt qu'il faut reporter le point extrême. N'est-ce pas l'infraction qui est la caractéristique de la perversité; or, n'est-il pas rationnel, dans cette hypothèse aussi bien que dans la précédente, de prendre en considération la date de l'infraction? Pourquoi s'en

---

(1) Cass., 28 mai 1886. B. 195. 1886, p. 316. — D. P. 1886. 1. 230. — P. F. 1886. 1. 143. — 9 sept. 1886. B. 321. 1886; p. 534. — Depeige, p. 33. — Le Poittevin, p. 68. — Pignon, p. 92. — *Contra* Garçon, p. 5. — Jambois, p. 36. — Tournade, p. 17. — Berton, *Code*, p. 44. — Gay, p. 91 et s.

référer à celle du jugement ou de l'arrêt? Le jugement ou
l'arrêt ne fait que constater la culpabilité qui s'est mani-
festée antérieurement. C'est donc au jour de l'infraction
qu'il faut faire remonter le *dies ad quem*. Mais il sera
difficile à déterminer; le casier judiciaire n'en fait pas
mention? Et qu'importe? Il y aura lieu alors pour le juge
d'instruction ou le parquet de se faire délivrer une expé-
dition de la décision, et même de demander communication du dossier de la procédure. Que si la date est vague
ou incertaine, il faudra, comme dans l'hypothèse ci-dessus,
prendre pour base le jour de la constatation de l'infraction (1).

Cette double solution, relative aux limites du délai de
dix années, qui paraît n'être point conforme à la lettre de
la loi, a du moins l'avantage de déterminer d'une manière
méthodique et précise cette période. Si l'on suivait rigoureusement le texte de loi, il faudrait se demander si, le
jour de la condamnation étant admis, il faut attendre
qu'elle soit devenue irrévocable (2). M. Gay, dans son
traité, tranche radicalement la difficulté en décidant que
l'on ne devra considérer que le jour où la condamnation
est devenue définitive et ce, alors même qu'appel a été
interjeté, sans qu'il y ait, d'ailleurs, à distinguer s'il émane
du ministère public ou du prévenu. Oui, cette théorie est
simple, mais elle a contre elle les principes du droit commun qui valent bien la lettre de la loi de 1885. En effet, en
cas de confirmation ou d'infirmation sur appel du ministère public ou de réformation sur appel du prévenu, le
jugement reste quant à l'exécution de la peine avec ses
effets; ce serait donc, logiquement, le jugement, dans ces

---

(1) *Contra* Le Poittevin, p. 70. — Gay, p. 103 et s.
(2) Jambois, p. 36. — Tournade, p. 27.

hypothèses, que l'on devrait considérer comme devant servir de point de départ à la période décennale. En cas de confirmation sur appel du prévenu, le jugement est mis à néant, et perd ses effets quant à l'exécution de la peine dont le point de départ est le jour de l'arrêt; dans ce cas, c'est au jour de l'arrêt que le point de départ devrait être fixé. Les mêmes difficultés peuvent se présenter en matière de pourvoi en cassation.

Quand au *dies ad quem,* serait-ce le jour où la condamnation est irrévocable? Il faudrait faire encore les mêmes distinctions que plus haut et donner les mêmes solutions.

On le voit, ce système n'est pas exempt de complications, et toutes les distinctions qu'il prévoit ne sont pas toujours faciles.

Celui que nous soutenons n'est-il pas infiniment préférable? S'il ne respecte pas servilement le texte de l'article 4, il est du moins conforme à son esprit. Le législateur, dans la loi de 1885, vise les malfaiteurs d'habitude, les hommes dangereux; il a égard bien plus au nombre et à la qualité des infractions qu'à l'effet des jugements; les arrêts de justice ne sont que la constatation authentique de la conduite antérieure du condamné. La plus grande importance est attribuée par la loi aux faits. Cela est si vrai qu'une décision même non définitive, qu'une peine non subie, peuvent être comptées en vue de la relégation; et puis le législateur n'a-t-il pas pris le soin d'énumérer limitativement les diverses catégories d'infractions nécessaires pour rendre relégable?

Dira-t-on qu'au § 1 de l'article 4, en matière criminelle, il ne spécifie pas les faits et n'envisage que la nature de la peine? C'est qu'il a considéré qu'en matière criminelle, la gravité du fait puni de travaux forcés ou de réclusion était exceptionnelle sans qu'il fût besoin de faire de distinction entre les divers crimes réprimés par ces peines. En somme, tous les faits criminels punis de peines criminelles révèlent un agent redoutable; punis de peines correctionnelles, la perversité étant censée moins grande, ils entrent en compte au § 2, sans que les infractions soient spécifiées : le législateur estime encore que l'instinct mauvais et dangereux est suffisamment révélé par la perpétration d'un crime puni même correctionnellement. L'objection serait sans valeur et tomberait devant cette dernière considération qui établit jusqu'à l'évidence, loin de l'affaiblir, l'opinion que nous soutenons, à savoir que le législateur envisage bien autant les faits que les arrêts de condamnation, dont un certain ensemble forme contre le condamné une présomption *juris et de jure* d'immoralité. Il est proclamé dangereux et parce qu'il a subi tant de condamnations, et parce que ces condamnations constatent certains faits spécifiés qui dénotent une nature incorrigible. Aussi paraît-il conforme à l'esprit de la loi de déterminer les limites de la période de dix ans par les dates des infractions et non par celles des jugements.

Même en adoptant ce système, certaines difficultés pratiques pourront se présenter. Ainsi une infraction punie en 1875 a été commise antérieurement à une autre perpétrée et punie en 1874. La condamnation de 1875 devra-t-elle être comptée, si le fait qu'elle a atteint est antérieur à la période décennale? Nous ne le pensons pas. La solution plus haut adoptée impose celle-ci; d'autre part, ainsi que nous le verrons, elle ne constitue pas le condamné en état de récidive.

Pour faire le calcul de la période décennale, il faut

déduire la durée des peines subies : il ne peut faire doute, en conséquence, que si, par suite d'un événement quelconque, la peine n'a pas été subie ou a été diminuée, par exemple, par l'admission d'un pourvoi en grâce ou la libération conditionnelle (loi du 14 août 1885), la mise en cellule (art. 4, loi du 5 juin 1875), l'on ne doive calculer que le temps pendant lequel le condamné sera demeuré en prison. Aussi, plus que jamais les greffiers doivent-ils veiller à ce que les mentions des recours en grâce, ainsi que celles des libérations conditionnelles soient faites au casier judiciaire, afin que les extraits qui pourraient servir plus tard au calcul nécessaire pour établir la période décennale en vue de la relégation portent eux-mêmes ces renseignements.

De même, il ne faut pas compter la durée des condamnations par défaut, puisque celles-ci n'ont pas été subies.

Doit-on tenir compté, pour ce calcul, de la durée des condamnations qui ne sont pas spécifiées par la loi en vue de la relégation, ainsi que des condamnations politiques?

La question ne paraît pas douteuse, elle a d'ailleurs été résolue par la Cour de Cassation dans le sens de l'affirmative. Peu importe, en effet, la cause de l'incarcération; ce qu'a voulu le législateur, c'est que l'on pût compter un intervalle de dix ans de liberté pendant lequel pourraient s'échelonner les diverses peines qu'il a déterminées, sans se préoccuper des motifs qui ont pu proroger la période décennale (1). Aussi ne doit-on point compter le temps

---

(1) Cass., 28 mai 1886. B. 195. 1886, p. 316. — D. P. 1886. 1. 230. — P. F. 1886. 1. 143. — 10 juillet 1886. B. 251. 1886, p. 413. — D. P. 1886. 1. 479. — P. F. 1886. 1. 194. — 26 août 1886. B. 310 et 311. 1886, p. 516. 518. — 2 sept. 1886. B. 314. 1886, p. 524. — 19 février 1887. B. 66. 1887, p. 97. — D. P. 1887. 1. 236. — 10 juin 1887. B. 216. 1887, p. 340.

passé dans les colonies, après une condamnation supérieure à huit années de travaux forcés, les forçats libérés étant considérés comme libres.

Doit-on déduire la durée de l'emprisonnement subi en vertu d'une décision d'un tribunal étranger? Il sera souvent, en pratique, matériellement impossible de s'assurer si un jugement étranger a été exécuté, et même d'être fixé sur une condamnation dont le casier judiciaire ne fait point mention. La question peut cependant se présenter. Nous estimons qu'il n'y a point lieu à défalcation. Ce serait, en quelque sorte, faire produire en France des effets à une décision qui n'est pas exécutoire dans notre pays. Il en serait autrement s'il s'agissait d'une peine prononcée par une juridiction qui était française au moment de la condamnation, comme les tribunaux d'Alsace ou de Lorraine avant 1871.

Que décider de la durée des peines qui ont été subies, en vertu de condamnations qui plus tard ont fait l'objet d'amnistie, de révision ou de réhabilitation?

Pour l'amnistie et la révision, il n'y a pas de question possible; la première par une faveur spéciale du législateur, la deuxième par l'effet même du droit méconnu qui reprend son empire font disparaître dans toutes leurs conséquences et dans tous leurs effets les condamnations prononcées.

Le législateur du 14 août 1885 a profondément modifié les principes en matière de réhabilitation et a, pour ainsi dire, transformé cette faveur en une amnistie au petit pied. Elle efface la condamnation, proclame l'article 634 nouveau du Code d'Instruction Criminelle. Il ne faut pas, dit l'article 5 de notre loi, compter en vue de la relégation une condamnation suivie de réhabilitation.

Pour calculer la période décennale, faudra-t-il déduire le temps passé en prison en vertu d'une condamnation dont il semble ne rester plus que le souvenir? Nous estimons que non. Il est vrai qu'à ce système on fait une objection tirée de l'article 634 qui porte que la condamnation est effacée, mais seulement dans l'avenir; par suite il faudrait tenir compte de la condamnation, de ses effets et de ses conséquences dans le passé. Que l'article 634 réduise à l'avenir les effets de la loi, il n'en faut pas moins s'incliner devant l'article 5 de la loi du 27 mai qui les anéantit dans le passé. Or, si le législateur du 27 mai n'a point voulu qu'une pareille condamnation fût un appoint à celles requises pour la relégation, pourquoi supposer qu'il ait eu l'idée contraire de tenir compte pour le calcul de la période décennale de l'exécution de cette condamnation? On dira bien : le 27 mai, la loi du 14 août n'était pas promulguée; le législateur, en écrivant l'article 5, commettait une hérésie, consacrait un système contraire à celui du Code d'Instruction Criminelle et à la jurisprudence? C'est vrai; mais l'on peut soutenir qu'en mai il escomptait ses décisions d'août et que c'était en vue de la loi future qu'il écrivait l'article 5. Il décide prématurément que la réhabilitation a les effets de l'amnistie, il faut admettre complètement sa théorie ou considérer comme lettre morte l'article 5.

Au surplus, si l'on s'en réfère aux travaux préparatoires de l'article 634, modifié par la loi du 14 août 1885, l'on se rend facilement compte que les expressions, *dans l'avenir*, n'ont point le sens qu'on veut actuellement leur donner. Sur la proposition de l'honorable M. Bérenger, le Sénat admit qu'il fallait, pour que la réhabilitation fût complète, que la loi prononçât la radiation, l'effacement absolu de la condamnation. La proposition de M. Bérenger fût admise et à l'article 634 furent ajoutés les mots, *efface la condamnation;* pour que la phrase, dans sa seconde partie, fût en harmonie avec la première, il eût fallu supprimer les mots, *dans l'avenir,* qui se trouvaient dans l'ancien texte de l'article 634. Aujourd'hui, ces expressions sont sans valeur, étant données les explications échangées au Sénat, puisqu'en réalité dans le passé la condamnation n'existe plus. Les greffiers n'en doivent plus délivrer d'extrait (art. 633 C. Inst. Crim.) (¹).

Quelles sont les condamnations qui peuvent entrer en ligne de compte?

Les condamnations par défaut doivent-elles être comprises dans le calcul? Non, si elles ne sont pas devenues définitives. Si donc une condamnation par défaut a été signifiée et si la peine est prescrite (²), si, en un mot, elle a acquis l'autorité de la chose jugée, elle pourra former un appoint utile aux condamnations constatées.

Il en faut dire autant des arrêts par contumace. Pour être comptés, ils doivent avoir acquis l'autorité de la chose jugée, ce qui se produit par suite de la prescription de la peine.

Peu importe également que pour un motif ou pour un autre la peine n'ait pas été subie. Peu importe qu'elle soit prescrite, le législateur ne tient compte que du nombre et de la nature des condamnations encourues, parce que c'est par là qu'il juge de la perversité des condamnés (³).

La question est des plus délicates s'il s'agit de condam-

(¹) Garçon, p. 15. — *Contra* Le Poittevin, p. 73. — Berton, *Code,* p. 52. — *Relég.,* p. 57.

(²) Cass., 10 février 1887. B. 56. 1887, p. 82. — D. P. 1887. 1. 236.

(³) Cass., 8 juillet 1887. B. 262. 1887, p. 411. 264. 1887, p. 416.

nations dont les peines ont été confondues. La confusion peut se produire dans deux cas différents : ou bien une même poursuite englobe plusieurs infractions et se termine par une seule et même décision; alors, par application de l'article 365 du Code d'Instruction Criminelle, la peine la plus forte est seule appliquée. Il n'y a qu'une condamnation, et il est clair que cette condamnation ne comptera que pour une et non pour autant de décisions qu'il y a eu de délits punis; ou bien, au contraire, une poursuite a été ordonnée et un jugement rendu contre un individu qui antérieurement à cette condamnation a commis un autre méfait; il est condamné pour ce dernier, premier en date, postérieurement au jugement qui a frappé le second délit. Un vol a été commis le 1ᵉʳ janvier 1888, réprimé le 15 janvier 1888; le même agent a commis un vol le 15 décembre 1887, pour lequel il comparaît devant la justice le 1ᵉʳ février 1888. En appliquant la peine, les magistrats pourront ordonner qu'elle se confondra avec la première, si toutefois le maximum n'a pas été prononcé lors de la première poursuite.

Devra-t-on tenir compte, pour l'application de la relégation, de cette seconde condamnation dont la peine s'est confondue avec la première?

La Cour de Cassation, appelée à trancher la question, l'a fait dans le sens de l'affirmative et par plusieurs arrêts (¹).

D'où vient la raison de douter? Elle est tirée des prin-

(¹) Cass., 12 nov. 1886. B. 379. 1886, p. 622. — D. P. 1837. 1. 145. — P. F. 1887. 1. 396. — 12 nov. 1886. B. 381. 1886, p. 626. — D. P. 1887. 1. 149. — P. F. 1887. 1. 397. — 18 nov. 1886. B. 1886. 385, p. 635. — D. P. 1887. 1. 149. 8 sept. 1887. B. 328. 1837, p. 529. — 8 juin 1888. B. 199. 1888, p. 314. — 27 juillet 1888. B. 252. 1888, p. 401. — 6 sept. 1888. B. 287. 1883, p. 452.

cipes généraux du droit, de la philosophie même du droit pénal. Pourquoi punit-on le récidiviste avec plus de sévérité qu'un délinquant primaire? C'est parce qu'en commettant une seconde faute il a foulé aux pieds l'avertissement déjà reçu de la justice, c'est parce que l'on juge que l'effet de la condamnation première n'a pas eu sur lui d'influence suffisante pour l'empêcher de retomber dans le vice. Or, si l'on compte dans le calcul des peines nécessaires à faire prononcer la relégation une condamnation survenue pour un fait commis antérieurement à une autre condamnation, ne va-t-on pas faire bon marché de ces principes fondamentaux?

La Cour répond à cette objection de principe par les arguments suivants. L'article 4 de la loi du 27 mai 1885 est impératif et absolu : « Seront relégués les récidivistes qui, dans quelque ordre que ce soit... auront encouru les condamnations énumérées... » C'est dans un intérêt de défense sociale que la loi a voulu éloigner du territoire continental les malfaiteurs incorrigibles; or, elle voit la preuve de cette incorrigibilité dans cette circonstance que, dans un intervalle de dix ans, non compris la durée des peines subies, les malfaiteurs auront mérité un certain nombre de condamnations pour les délits spécifiés : pour fixer les conditions de la relégation, la loi considère seulement le nombre et la nature des condamnations encourues et non pas le nombre des peines subies; la preuve en est, dit-elle, dans l'article 5 qui porte que les condamnations qui auront fait l'objet de grâce, commutation ou réduction de peine, seront néanmoins comptées pour la relégation; si la loi de 1885 désigne sous le nom de récidivistes ceux qu'elle a entendu frapper, ce mot ne doit pas être pris dans le sens strict qu'il a sous les articles 56 et suivants du Code Pénal; dans les travaux préparatoires, le rapporteur s'en est formellement expliqué.

Telle est la doctrine de la Cour Suprême, telle est la voie qui est tracée à la jurisprudence des cours et tribunaux. Cette théorie est-elle bien juridique, est-elle bien conforme à l'esprit du législateur?

Il ne faut pas perdre de vue qu'elle consacre une exception si manifeste aux principes généraux du droit qu'elle pourrait peut-être passer pour une hérésie; aussi, avant de l'admettre, doit-on sérieusement rechercher si le législateur, soit par les expressions qu'il a employées, soit par les discussions qui ont eu lieu devant les Chambres, peut nous autoriser à penser qu'il a entendu faire un si profond échec aux règles de notre Code Pénal.

Est-il besoin d'établir le principe lui-même?

La récidive n'existe qu'autant que le fait passible de l'aggravation a été commis postérieurement à un arrêt de justice. La thèse n'est pas contestable. Elle ne repose pas uniquement sur des règles d'ordre juridique ou de convention, elle puise son origine et sa force en dehors de la loi écrite, dans ces notions de droit et de justice qui forment la base de l'édifice de notre législation pénale. Le récidiviste est l'homme qui paraît incorrigible. Pourquoi? Parce qu'il méprise les avertissements de la justice; parce que, bravant les hommes et leurs châtiments, il marche de crime en crime, de condamnation en condamnation. Mais pour être censé incorrigible, il faut avoir essayé de la correction. Or, la correction, c'est la justice qui la prononce, elle résulte d'une condamnation. S'il n'y a pas de condamnation prononcée contre un malfaiteur, dira-t-on qu'il est incorrigible? Dit-on d'un enfant mal élevé et jamais puni qu'il est incorrigible? Il est gâté.

Eh bien! le malfaiteur qui a commis plusieurs méfaits est lui aussi gâté, peut-être qu'au premier avertissement, comme il arrive pour cet enfant gâté auquel il est fait allusion, il va revenir dans le droit chemin, docile et obéissant aux leçons des hommes. Il ne mérite un châtiment plus élevé que si, au mépris de cet avertissement, de ces rappels à l'ordre, il commet de nouvelles fautes. Ce sont là des éléments développés dans tous les cours de droit criminel et dans les thèses. *Non scripta, sed nata lex,* dirait Cicéron.

Or, le législateur de 1885 a-t-il bien voulu rompre avec ces principes primordiaux, et assimiler la récidive à la réitération, en matière de relégation? Le mot récidiviste, dans la loi de 1885, a-t-il, ainsi que le décide la Cour de Cassation, un sens autre que dans le droit pénal, ou, pour parler plus exactement, un sens autre que dans la langue de la philosophie du droit.

La Cour Suprême prétend qu'elle respecte et consacre le texte et l'esprit de la loi. M. Le Poittevin, qui refuse également d'admettre la théorie de la Cour de Cassation, reconnaît cependant avec elle que le mot récidiviste n'a pas dans la loi le sens qu'il a en droit strict, et il s'appuie sur différents passages des rapports de M. de Verninac, sénateur, dans lesquels la Cour puise également la raison de décider. Il est écrit, en effet, dans l'un de ces rapports :

« Il était indispensable de dire expressément que la loi » nouvelle entendait bien s'écarter du principe formulé » dans les articles 56 et suivants du Code Pénal, et » frapper les récidivistes sans s'inquiéter de la gravité » croissante ou décroissante des condamnations encou- » rues. » Dans un rapport supplémentaire : « Le mot réci-

» diviste est pris ici dans un sens absolument différent
» de celui que lui attribue l'article 56 du Code Pénal. Il
» n'est pas pris non plus dans le sens vulgaire et usuel,
» comme indiquant un individu qui a commis plus d'une
» infraction, et les mots malfaiteurs d'habitude, qui,
» d'ailleurs, n'ont jusqu'ici figuré dans aucun texte de loi,
» ne suffiraient pas à lui donner la précision juridique.
» Le sens du mot récidiviste, quant à ses conséquences
» juridiques, n'est réellement déterminé que par l'ar-
» ticle 4, qui énumère les cas dans lesquels la relégation
» sera encourue. »

Il est certain que, pris isolément, ces passages pourraient avoir le sens qu'on veut leur donner; mais il ne
faut point les détacher de la discussion pour connaître
le but et la portée des paroles du rapporteur.

M. L. Sarrut, dans une note très remarquable insérée
dans le *Dalloz* périodique, année 1887, sous les arrêts
de Cassation cités, partie I, pages 145 et suivantes, met
en très vive lumière, à l'aide des travaux préparatoires
eux-mêmes, quel a été l'esprit et la pensée du législateur
sur la question qui nous occupe; nous ne saurions mieux
faire que de le suivre dans cette démonstration péremp-
toire.

Rien n'établit que le législateur ait voulu rompre avec
les principes généraux du droit, en matière de récidive,
principes que, jusqu'en 1885, toutes les lois ont respectés;
n'est récidiviste que celui qui a commis une infraction
postérieurement à une condamnation première.

La loi emploie le mot *récidiviste* et dans son titre et
dans ses diverses dispositions. On relègue les *récidivistes;*
le mot est expressément prononcé; est-ce sans intention
et par inadvertance? Dans la bouche et sous la plume

du législateur de 1885, peut-il avoir un sens autre que le sens juridique et rationnel? Examinons donc les divers projets et voyons quelle était l'intention de leurs auteurs; c'est elle surtout qu'il faut consulter, en effet, puisque la loi est en partie leur œuvre. La première proposition de loi de MM. Jullien, Galpin, etc., est intitulée : *Proposition de loi contre les récidivistes;* l'article 1ᵉʳ porte que tout individu déjà condamné pourra, « en cas de quatrième *récidive...* » Le projet de MM. Waldeck-Rousseau et Martin-Feuillée, qui est le plus important, puisqu'il forme la base de celui qui sera plus tard présenté par le gouvernement et qui recevra la sanction législative, ce projet porte, en toutes lettres : « La *récidive* de crime » à crime, de crime à délit, de délit à délit, entraîne la » transportation en Nouvelle-Calédonie dans les cas » prévus par la présente loi. » Y a-t-il ambiguïté, équivoque dans cette proposition? La loi commune prévoit trois cas de récidive légale : crime à crime (art. 56), crime à délit (art. 57), délit à délit (art. 58). Peut-on raisonnablement soutenir que dans ce projet d'article de loi, MM. Waldeck-Rousseau et Martin-Feuillée aient entendu viser non seulement la récidive, mais la réitération? Et, dans l'exposé des motifs, les auteurs de ce projet n'ajoutent-ils point qu'ils reviennent aux errements de 1791, dont l'article 1ᵉʳ du titre II du Code Pénal était ainsi conçu : « Quiconque ayant été *repris de justice* pour » crime, *viendrait à être convaincu d'un nouvel attentat,* » sera, après avoir subi sa peine, transféré, etc... »

L'intention du législateur apparaît clairement dans ces prolégomènes de la loi de 1885; il n'entend point innover, il respecte les principes, puisqu'il s'approprie même la classification du Code Pénal (art. 56, 57, 58).

La confusion, qui n'est point encore possible, va naître cependant : le projet du gouvernement, les textes de la loi adoptés en première et deuxième délibération par la Chambre vont, pour être trop clairs, être trop riches en expressions, qui, loin de les rendre explicites, seront de nature à créer l'équivoque. On ne se contente plus de l'expression *récidiviste*, on la colore de celle de *malfaiteurs d'habitude*, qui n'a aucun sens juridique, ainsi que le remarquera le rapporteur au Sénat. La relégation sera prononcée contre les récidivistes *et les malfaiteurs d'habitude*. Le législateur entendait-il ainsi punir la récidive et la réitération? Cette double qualification autoriserait à le faire supposer; et, dans cette hypothèse, le système de la Cour Suprême aurait sa raison d'être. Mais je ne penserais même pas que l'expression surabondante de *malfaiteurs d'habitude* pût permettre de conclure que le législateur de 1885 avait voulu punir la réitération des délits. Dans son esprit, il voulait que la relégation fût applicable non pas seulement à l'incorrigible récidiviste légal, à celui qui serait, au point de vue des articles 56, 57, 58, en état de récidive, ayant commis un crime ou subi plus d'un an de prison, mais aussi au malfaiteur qui ne mériterait pas, par ses antécédents, le qualificatif de récidiviste légal, et aurait subi un certain nombre de condamnations.

Au surplus, pourquoi discuter cette hypothèse? Les mots *malfaiteurs d'habitude* ont été rayés du projet au Sénat, et les explications fournies par le rapporteur ne peuvent laisser l'ombre d'un doute sur le motif de la suppression. En première lecture, le projet passa; seulement, sur les observations du rapporteur, la conjonction *et*, reliant récidivistes et malfaiteurs, fut supprimée.

« Nous avons cru, disait-il, devoir substituer l'expression
» récidivistes, malfaiteurs d'habitude, à celle de récidi-
» vistes *et* malfaiteurs d'habitude, qui figurait dans le
» texte voté par la Chambre. C'est bien, en effet, d'*une*
» *seule et même catégorie* de condamnés qu'il s'agit, et
» nous avons pensé que les mots malfaiteurs d'habitude,
» suivant immédiatement, et sans disjonction, celui de
» récidivistes, déterminait d'une façon plus claire le sens
» que la loi lui attribue. »

L'équivoque n'était plus possible; cependant, pour
qu'aucune prise n'y fût donnée, en troisième délibération,
le Sénat va encore, sur les observations du rapporteur,
définitivement rayer les mots *malfaiteurs d'habitude*.
« Nous avons aussi fait disparaître de l'article 1er les mots
» récidivistes, *malfaiteurs d'habitude*, pour les reporter
» à l'article 4. Placés au frontispice de la loi, ils avaient,
» il est vrai, cet avantage d'indiquer immédiatement la
» catégorie d'individus que la loi nouvelle entendait
» frapper. Mais, d'un autre côté, le mot récidiviste est
» pris ici dans un sens absolument différent de celui que
» lui attribue l'article 56 du Code Pénal. *Il n'est pas pris*
» *non plus dans le sens vulgaire et usuel, comme indi-*
» *quant un individu qui a commis plus d'une infraction*
» *à la loi,* et les mots *malfaiteurs d'habitude, qui d'ail-*
» *leurs n'ont jamais figuré jusqu'ici dans aucun texte de*
» *loi,* ne suffiraient pas à lui donner une précision juri-
» dique. Le sens du mot récidivistes, quant à ses consé-
» quences juridiques, n'est réellement déterminé que par
» l'article 4, qui énumère les cas dans lesquels la relé-
» gation sera encourue. Nous avons cru plus rationnel
» d'insérer le mot dans l'article même, qui en précise
» le sens. » Tel est l'un des passages, avons-nous vu,

sur lesquels on s'appuie pour soutenir que le mot récidiviste n'est pas pris dans le sens de l'article 56, mais
dans un sens tout différent, ainsi qu'observe M. de Verninac. Mais quel est donc ce sens différent? Récidiviste
va-t-il désigner, comme malfaiteur d'habitude, toute une
catégorie nouvelle d'individus qui n'a jamais figuré dans
un texte de loi? Il semble, bien au contraire, qu'écartant
ces mots *malfaiteurs d'habitude,* pour ne laisser subsister
que celui-ci : récidivistes, le législateur, dont M. le sénateur de Verninac ne fait qu'expliquer et formuler la
pensée, n'ait voulu laisser dans la loi que des expressions
qui eussent un sens juridique déterminé. Et lorsque
l'honorable rapporteur de la loi au Sénat indique que le
mot récidiviste n'aura plus le sens qui lui est attribué aux
articles 56 et suivants, cela signifie uniquement qu'il sera
inutile, pour reléguer un condamné, de rechercher si,
au point de vue de ces textes, il est en état de récidive
légale; il suffira qu'il remplisse les conditions imposées
et prévues par la loi nouvelle, tout en conservant au
mot récidiviste son sens originaire. Il n'y aura pas à se
demander dans quel ordre auront été subies les condamnations, comme pour l'application de ces articles; quel
qu'il soit, que l'immoralité de l'agent, d'après le taux
des condamnations subies, soit croissante ou décroissante, qu'il ait commis un crime après un délit, un délit
après un crime, peu importe, la nouvelle loi ne s'atta-
chera point à ces distinctions, elle visera le nombre et
la nature des condamnations, sans se préoccuper si leur
ordre peut créer l'état légal de récidiviste.

Telle est la pensée du législateur. Ainsi que conclut
M. Sarrut, après des déclarations aussi nettes, réitérées
et concordantes, l'hésitation est-elle possible? Il y aura

des différences entre les conditions de la récidive du relégable et de la récidive du Code Pénal. Mais ces différences ne devront point dénaturer le sens du mot récidive et exclure toute idée de condamnation préalable. Pour que la loi nouvelle eût introduit une pareille innovation, au moins faudrait-il trouver quelques passages dans lesquels la volonté du législateur fût formellement exprimée. Bien loin qu'il en soit ainsi, nous avons montré que, dans le cours des travaux préparatoires, on s'était efforcé de respecter le principe. « Le mot récidiviste, » disait le rapport cité plus haut, n'est pas non plus pris » dans le sens vulgaire et usuel, comme indiquant un » individu qui a commis plus d'une infraction à la loi. » « A défaut du sens vulgaire et usuel, fait très justement » observer M. Sarrut, c'est évidemment au sens techni- » que, juridique qu'il faut s'attacher. »

On peut également ajouter avec le même auteur que si l'on parcourt la discussion de la loi, soit au Sénat, soit à la Chambre, l'on entend à tout moment que la loi est faite pour les malfaiteurs insensibles à la peine, les repris de justice; pour des hommes dont l'incurable perversité n'a été intimidée ni par la prison, ni par la maison centrale, et qui, rendus à la liberté, retombent infailliblement dans le crime. Et M. le général Robert ne demandait-il pas qu'au moment où le tribunal prononcerait l'avant-dernière condamnation, après laquelle la relégation pourrait être encourue, le condamné fût solennellement averti qu'une nouvelle faute pourrait entraîner contre lui la peine nouvelle? Peut-on dire, après cela, que le législateur qui, à chaque occasion, tient à montrer qu'il respecte les principes, en matière de récidive légale, et notamment les conditions de la condamnation préalable, ait entendu les fouler aux pieds dans l'article 4, parce que l'on y lira ces mots : « dans quelque ordre que les condamnations aient été subies »? Nous avons vu comment ils s'expliquent.

Quoi qu'il en soit, l'on ne peut méconnaître que la jurisprudence de la Cour de Cassation soit fixée dans un sens diamétralement opposé à cette interprétation.

Ce principe posé, il s'agit d'en faire les applications ; la théorie de la Cour Suprême est générale et semble embrasser tous les cas : une condamnation dont la peine a été confondue avec une autre comptera en vue de la relégation dans tous les cas. Nous n'admettons point cette théorie générale, et même nous n'admettons pas que l'on puisse dire, en principe, que, dans tous les cas, une condamnation pareille devra être écartée, parce que les principes généraux de la récidive auront été méconnus.

Nous pensons que l'on pourra admettre au calcul une condamnation dont la peine n'aura point été subie par suite de la confusion ordonnée, toutes les fois que cela ne portera point atteinte aux principes généraux en matière de récidive. Des exemples vont faire comprendre cette proposition.

Un individu a été condamné : à 4 mois de prison le 15 janvier 1880, pour un vol commis en 1880 ; — à 4 mois de prison le 30 janvier 1880, pour un vol commis en 1879, la confusion des peines ayant été ordonnée ; — à 4 mois de prison pour vol en 1885 ; — et il est poursuivi pour vol et condamné à plus de trois mois, en 1888.

Devra-t-on compter la condamnation prononcée en 1880, le 30 janvier, condamnation qui a réprimé un fait antérieur à une précédente poursuite ? Non, parce qu'il est impossible d'affirmer qu'un premier avertissement infligé à temps, c'est-à-dire avant le fait qui a motivé la condamnation première en date, ne l'eût pas définitivement corrigé. Au sens juridique du mot, il n'est pas récidiviste, le 30 janvier 1880, lorsqu'il est poursuivi et condamné. Cette condamnation ne pourra donc être admise au calcul et le tribunal ne pourra prononcer la relégation.

Mais voici une autre hypothèse dans laquelle la solution devrait être contraire. — Condamnation à 4 mois pour vol en 1880. — Condamnation à 6 mois pour vol le 15 janvier 1882. — Condamnation à 4 mois pour vol le 30 janvier 1882, pour un fait commis en 1881, la peine ayant été confondue. — Cet individu commet un délit de vol en 1888 et est condamné à plus de trois mois de prison, le tribunal devra-t-il prononcer la relégation?

Pour nous, la question ne saurait faire doute; il est évident qu'il le peut, tout en respectant les principes de la récidive légale; lorsqu'en effet, en 1881, cet agent commettait un vol, il était récidiviste au sens rationnel du mot, il avait subi une condamnation préalable, il était censé incorrigible puisqu'il n'avait tenu compte de l'avertissement reçu.

Puis se présente une troisième hypothèse pour laquelle nous donnerions une solution identique à celle de la première. — Condamnation à 4 mois de prison pour vol en 1880. — Condamnation à 4 mois de prison pour vol en 1881. — Condamnation à 4 mois de prison pour vol en décembre 1887. — Le tribunal statue le 15 janvier 1888 sur une nouvelle poursuite pour vol, commis en 1886, antérieurement à la dernière condamnation, il ordonne la confusion des peines; devra-t-il prononcer la relégation?

Nous ne le pensons pas; ici il ne s'agit plus de la récidive prise au sens absolu et juridique du mot, mais bien de la récidive du relégable. Lorsqu'en 1886 l'agent commettait le vol pour lequel il n'est poursuivi qu'en 1888, postérieurement à un autre méfait déjà réprimé, il ne réunissait point les conditions de la relégation puisqu'il encourait seulement une troisième condamnation, ce n'était point la récidive spéciale de la relégation! Pourquoi alors le tribunal, qui juge en 1888 un fait commis en 1886, se placerait-il pour l'apprécier et le punir comme s'il datait de 1888? En 1886, l'aggravation de peine n'était pas possible, le prévenu n'étant pas en état de récidive de relégation, il ne s'y trouve en 1888 que parce qu'il a été de nouveau condamné en 1887. Peut-être que puni en 1886, se sachant sous le coup de la relégation, il n'eût pas commis un nouveau délit qui la lui rendit applicable. Peut-être la crainte de l'exil perpétuel l'eût-elle arrêté à temps! L'on ne saurait, sans méconnaître les principes généraux, tenir compte de cette condamnation postérieure qui ne peut le constituer en état de récidive de relégation que s'il vient à commettre un délit qui lui soit lui-même postérieur. Cependant nous serions d'avis de compter cette condamnation de 1888, si au moment où le fait a été commis, le condamné était relégable.

Telle est la distinction fondamentale que nous proposerions, elle concilie à la fois les principes de la récidive légale et ceux de la récidive spéciale de la relégation, tout en tenant compte de l'esprit et du texte de la loi; nous pourrions ainsi la formuler:

Une condamnation dont la peine s'est confondue avec une autre antérieure en date, ne comptera en vue de la relégation que si le condamné, avant cette condamnation, en avait subi une antérieure et définitive.

La relégation ne pourra être prononcée à raison d'une

dernière condamnation dont le tribunal ordonnerait la confusion de la peine avec celle d'une condamnation antérieure (¹), à moins cependant que le condamné fût relégable au moment où il commettait le fait qui motive la condamnation actuelle dont la peine a été confondue.

Cette théorie satisfait la raison et l'équité.

Si on adopte absolument, en effet, la théorie de la Cour Suprême qui heurte les principes généraux, il faut appliquer la relégation dans des hypothèses où la sévérité paraît extrême. Ainsi, il pourra se faire qu'un condamné ait subi trois, quatre condamnations même, dont les peines auront été confondues; toutes les condamnations compteront chacune pour une unité, alors que s'il n'y eût eu qu'une poursuite, elles se fussent réduites à une seule; dans la pratique cela se présente plus fréquemment qu'on ne pense, surtout en matière de jugements par défaut; un individu a subi une condamnation par défaut à Bordeaux, une autre à Blaye, en 1886 toutes deux; une autre à Jonzac, en 1887; il est, de nouveau, poursuivi à Bordeaux et condamné contradictoirement à un an de prison en 1888. Il fait opposition aux divers jugements par défaut, est condamné à Bordeaux à quatre mois, à Blaye à quatre mois, à Jonzac également à quatre mois. La confusion des peines est ordonnée, les jugements sont devenus définitifs, le tribunal de Jonzac devra, conformément à la théorie de la Cour Suprême, prononcer la relégation! Peut-on dire que la raison et l'équité soient satisfaites! Pourtant il faut admettre, avec la théorie, ses conséquences extraordinaires (²).

(¹) Voir P. F. 1886, IIe part., p. 130, note 2.
(²) Le Poittevin, p. 40 et s. — Gay, p. 47 et s.

Ainsi donc, d'après nous, dans certains cas, une condamnation dont la peine a été confondue devra compter en vue de la relégation, dans d'autres, au contraire, on n'en devra point tenir compte, et ce, par respect pour les principes généraux de la récidive.

Il suit de là que, dans certaines hypothèses, une condamnation dont la peine n'a point été subie pourra former un appoint utile à la série. Le législateur n'attache, en effet, aucune importance à l'accomplissement de la peine, il n'envisage que la condamnation, sa nature, sa durée; cela est si vrai, que, dans l'article 5, il indique formellement qu'une condamnation qui aura fait l'objet de grâce, commutation de peine, etc., devra être comptée, et cela est conforme aux principes généraux d'après lesquels la grâce, la commutation, etc., n'ont d'effet que sur l'exécution et non sur les conséquences de la condamnation.

D'autre part, dans d'autres cas, alors même que la peine aura été subie, l'on ne saurait compter, en vue de la relégation, la condamnation qui l'a prononcée. Par exemple, dans la première hypothèse, plus haut exposée, d'une condamnation intervenue postérieurement à une première qui aurait réprimé une infraction postérieure elle-même à celle punie par la seconde condamnation.

Une question va se poser avec le système que nous avons admis; on pourra dire : oui, cette théorie satisfait à la fois les principes de la récidive légale et de la récidive du relégable; mais que décider, dans le cas suivant : Un individu a commis déjà de nombreux délits du genre de ceux spécifiés par la loi, délits qui se trouvent en dehors de la période décennale? Cette période s'arrête dans le passé au 1er janvier 1875. Le 15 janvier, il a commis un vol; le 30, il en a commis un autre, pour lequel il est condamné le 15 février; et, le 1er mars, il est condamné pour le vol du 15 janvier, ces condamnations étant, par leur taux, de nature à compléter une série utile pour faire prononcer la relégation. Nous avons vu qu'en principe, nous nous refusions à compter la condamnation du 1er mars, car le 1er mars il n'était point récidiviste. Mais si l'on est en présence d'un individu qui a commis d'autres méfaits avant le 1er janvier 1875; qui, par suite, était récidiviste dans le sens rationnel du mot, quand il commettait le 15 janvier, le vol qui n'a été puni que le 1er mars, nous pensons qu'il faudrait tenir compte de cette condamnation du 1er mars, qui s'appliquait bien à un récidiviste.

Mais, pourra-t-on dire, vous puisez des éléments constitutifs de la récidive, en dehors de la période décennale. Et puis, que décideriez-vous si ces condamnations, antérieures à la période décennale, qui n'entrent point en compte, à cause de leur date, n'étaient point de nature ou de durée suffisante pour être prises en considération au regard de la loi nouvelle? Le condamné serait-il aussi récidiviste?

La réponse à cette double objection paraît facile. Lorsque nous avons décidé, conformément au vœu et à l'esprit du législateur, que la loi de 1885 respectait les principes généraux en matière de récidive, nous avons entendu que le mot récidiviste devait signifier l'état d'un condamné qui avait subi une condamnation préalable. Sera donc récidiviste tout condamné qui aura subi une condamnation préalable à un fait puni ou à punir. Ce récidiviste n'encourra la peine que si son état originel vient à être complété par une série de condamnations d'une nature et d'un taux déterminé. Aussi, peu importe, dans l'espèce imaginée plus haut, que la condamnation qui fait considérer le condamné comme récidiviste, au sens juridique du mot, soit antérieure à la période décennale; peu importe même que, par sa nature ou sa durée, elle ne rentre point dans l'énumération de l'article 4. Le condamné a paru devant la justice, cela suffit pour le qualifier de récidiviste. La loi est faite contre les récidivistes, et quand ceux-ci ont rempli les conditions de la loi, qui crée une aggravation spéciale, l'aggravation doit être prononcée.

Nous avons déjà eu l'occasion d'indiquer que la dernière condamnation prononcée devait entrer en ligne de compte. Ainsi, dans l'hypothèse de l'article 4, § 3, il faut quatre condamnations pour être relégué; un prévenu se présente avec trois : la condamnation qui va intervenir devra être comptée. Cette interprétation est en tout conforme à l'article 4, qui dit : « Seront relégués, les récidivistes qui... auront encouru... § 1er, deux condamnations; § 2, trois condamnations », et ainsi de suite. Il faut donc avoir encouru soit deux, trois, quatre ou sept condamnations; par suite, doit être relégué, si la nature et le quantum de la condamnation sont conformes aux divers paragraphes de l'article 4, ceux qui, accusés ou prévenus, ont subi une, deux, trois ou six condamnations, celle intervenant complétant la somme nécessaire (¹).

On a cherché à combattre ce système admis par tous les auteurs, et non contesté par la jurisprudence, en disant que l'article 10 exige des condamnations antérieures et que la condamnation qui intervient ne saurait

____

(¹) Cass., 23 août 1888. B. 281. 1888, p. 444.

être considérée comme antérieure. En second lieu, l'on tient compte d'une condamnation qui n'est pas devenue définitive. Cette argumentation est sans portée. D'abord, l'article 10 ne se préoccupe que d'un point : le relevé des condamnations par le tribunal, et il exige qu'il vise expressément les condamnations antérieures à celle qu'il prononce, qui certainement ne court pas le risque d'être oubliée. Enfin, la condamnation qui prononce n'a d'effet que si elle est devenue définitive; et, comme toutes autres, elle est soumise aux voies de recours; et la relégation suit son sort.

Une question qui, jusqu'ici, a semblé peu préoccuper la doctrine et la jurisprudence, est celle de savoir si la relégation pouvait être prononcée par défaut? On s'est demandé et on a résolu la question de savoir si les condamnations prononcées par défaut pouvaient être comptées en vue de la relégation. Mais la relégation peut-elle être prononcée par défaut, soit que les antécédents suffisent pour la faire appliquer, soit que cette dernière condamnation soit nécessaire pour rendre le condamné relégable.

J'estime que la relégation doit être prononcée et qu'elle ne pourra être encourue, bien entendu, comme d'ailleurs la peine exécutée, que si le jugement devient définitif. Que le condamné se présente pour purger sa peine, de plein droit il sera relégué ensuite; de même, il devra l'être si le jugement lui a été signifié et que la peine a été prescrite.

L'objection qui pourrait être faite à cette théorie, est tirée de l'article 11 qui ordonne, à peine de nullité, qu'un défenseur d'office soit nommé. Il est facile d'y répondre : en matière criminelle, un défenseur doit être nommé d'office à peine de nullité. Si l'on a procédé par contumace — alors qu'aucun défenseur n'est désigné, pas de nullité. — Pourquoi en serait-il autrement dans notre hypothèse? Le défaillant et le contumax ne sont-ils pas censés reconnaître leur culpabilité? Ils passent condamnation, l'on ne saurait être plus qu'eux méticuleux.

Enfin, pourquoi ne prononcerait-on pas la relégation par défaut? C'est une peine accessoire que le juge n'a pas la faculté d'écarter. Dans certaines conditions déterminées elle s'impose à lui. Elle est la conséquence forcée des condamnations prononcées. Si elles sont réunies (¹), peu importe que le condamné soit ou non présent, pour s'entendre frapper.

Que décider relativement aux condamnations prononcées par des tribunaux étrangers?

Nous avons vu que pour calculer la période décennale, il ne fallait point en tenir compte. *A fortiori* ne doivent-elles point être admises au nombre de celles qui sont nécessaires pour faire appliquer la loi du 27 mai 1885. Au surplus, ces condamnations ne sont pas, d'après la jurisprudence et la doctrine, de nature à faire aggraver, en récidive, la peine du délinquant. En principe, elles doivent donc être rejetées. L'article 2 de la loi semble, d'ailleurs, conforme à cette opinion et aux règles du droit, puisqu'il dit que les tribunaux ne pourront prononcer la relégation que comme conséquence des condamnations encourues devant eux.

Il faudrait, par *a fortiori*, décider, ainsi que nous l'avons fait plus haut, que les condamnations émanant

---

(¹) Trib. de Châtillon-sur-Seine, 3 janv. 1887. — P. F. 1887. 2, p. 416. — Bertin, *Code,* n° 407.

des cours et tribunaux d'Alsace-Lorraine avant l'annexion, seront comptées. D'ailleurs ces décisions peuvent servir de base à l'aggravation pour récidive (¹).

Une des questions les plus délicates que soulève l'application de la loi nouvelle est celle de savoir si, lorsqu'un prévenu est poursuivi cumulativement à raison de deux délits connexes et qu'il est condamné, par un seul et même jugement, à raison de ces deux délits concomitants, à une peine qui excède trois mois, cette condamnation supérieure à trois mois doit entrer en ligne de compte?

Voici, en effet, l'objection qui est faite : il n'est pas possible, dit-on, de savoir si, dans l'esprit du juge qui a prononcé la peine de six mois par exemple (la question ne pouvant se poser pour un taux plus élevé), chacun des deux délits est frappé de trois mois ou l'un de plus de trois mois, l'autre d'une peine inférieure. Pareille ventilation étant impossible, dans le doute, la condamnation doit être éliminée du calcul, car l'on ne peut savoir si, à raison de l'un des délits, une peine de plus de trois mois a été infligée.

La question, à mon sens, doit être resserrée dans un champ plus étroit. Si les deux délits connexes ne sont pas passibles de la même peine, par exemple le vol et la mendicité ou le vagabondage ou tout autre dont le châtiment soit moindre que celui du vol, aucune difficulté ne saurait être soulevée, le juge n'ayant conformément à l'article 365 du Code d'Instruction Criminelle, fait application que de la peine la plus forte; mais la question paraît plus délicate, lorsque les deux infractions poursuivies sont frappées par la loi de peines égales comme la

---

(¹) Chauveau et Hélie, *Code Pénal*, t. I, p. 330.

mendicité et le vagabondage punis, l'un et l'autre, de trois à six mois de prison.

Voilà un individu condamné pour ces deux délits à six mois de prison; peut-on affirmer qu'il ait subi une condamnation à plus de trois mois pour vagabondage, délit spécifié à l'article 4; dans l'esprit du juge, la mendicité participant peut-être de moitié dans la peine prononcée?

Il paraît singulier, au premier abord, de voir pareille question se poser. Eh quoi! voilà une condamnation de quatre mois de prison prononcée contre un vagabond, elle sera comptée; et parce qu'il aura commis un double délit, mendicité et vagabondage qui aura entraîné contre lui un emprisonnement de six mois, on négligera ce jugement sous prétexte qu'il est impossible de savoir si pour le vagabondage une peine de plus de trois mois a été prononcée! La culpabilité est plus grande, puisque la peine est plus forte; il semble qu'à cet unique point de vue, toute objection eût dû tomber et toute difficulté être écartée.

Il n'en a point été ainsi, et avant que la Cour de Cassation eût résolu la difficulté, la jurisprudence des cours donnait le spectacle d'une véritable anarchie; d'une part on pouvait remarquer les Cours de Bordeaux, d'Orléans, etc., qui refusaient de compter une pareille condamnation; d'autre part, la Cour de Poitiers qui adoptait la thèse contraire; et enfin, la Cour de Paris qui, à deux jours d'intervalle, jugeait et adoptait successivement les deux systèmes (¹).

(¹) *Dalloz périodique*, 1886. 2, p. 49 et s., et les multiples décisions, rapportées, ainsi que la note de M. Sarrut. — *Journal des arrêts de la Cour d'Appel de Bordeaux*, année 1886, part. I, p. 274.

Le principal argument à l'appui de l'opinion de ceux qui ne veulent point tenir compte d'une condamnation pour délits connexes, est, outre l'impossibilité où l'on se trouve de déterminer la part afférente à chaque infraction dans la peine, l'absence d'un texte formel de loi qui tranche la question. L'annotateur des arrêts de Bordeaux indique, *loco citato,* que cette théorie s'inspire des véritables principes du droit pénal, méconnus par ses adversaires. Elle respecte le texte de la loi et interprète le doute en faveur du prévenu. Tel est également le sentiment de M. Sarrut, dans la note citée.

Nous ne saurions accepter cette manière de voir. Il n'était point besoin d'un texte pour consacrer le système d'après lequel une condamnation à plus de trois mois prononcée à raison de délits compris dans une même poursuite doit être prise en considération. L'interprétation de la loi suffisait. Cette interprétation est, dit-on, contraire aux principes admis en matière pénale, elle est défavorable au prévenu; l'on doit la rejeter. Elle est défavorable au prévenu! Mais il ne faut pas pousser à l'extrême le principe; elle est logique, elle est conforme à l'esprit même de la loi, elle s'induit par *a fortiori* des idées qui ont présidé à son élaboration et qui ont guidé le législateur en 1885.

Quel but poursuivait-il donc? Protéger la société contre les malfaiteurs d'habitude : n'était-il pas naturel alors de conclure qu'un condamné pour un double délit est plus coupable ou aussi coupable que s'il n'était condamné que pour un seul. Qu'importe que l'on ne puisse pénétrer dans la conscience du magistrat et scruter ses intentions afin de savoir quelle part peut amender chacune des infractions dans la condamnation prononcée indivisément à raison de chacune d'elles? Au surplus, cette analyse, cette ventilation qui ne peut être faite serait-elle bien conforme elle-même aux principes généraux, et ceux qui prétendent ne la point faire ne la font-ils pas, en réalité, puisque n'admettant pas, comme appoint au calcul, cette condamnation à six mois, ils présument, en somme, que chaque délit est entré pour moitié dans la somme de la peine. Elle serait singulièrement antijuridique cette manière de calculer : si une peine est prononcée pour deux délits concomitants, il n'y a qu'un texte de loi appliqué, car l'on ne cumule pas les peines en droit criminel ; un tribunal prononce six mois pour vagabondage et mendicité, il n'applique point tant de mois ou de jours pour un délit et tant pour l'autre, il inflige simplement la peine de trois à six mois prononcée par la loi, aussi bien par l'article 271 que par l'article 274. Cela est si vrai, que l'on ne pourrait condamner, pour délits concomitants de vagabondage et mendicité, à huit mois de prison, par exemple. Et pourtant avec le système des adversaires, l'on en arriverait à supposer que pareille condamnation est possible puisque dans une peine de six mois ils supposent que chaque délit est compris pour une part.

En droit, une peine prononcée pour deux délits connexes punis par la loi d'un égal châtiment, l'est, par application de deux textes qui se confondent au point de vue du châtiment en un seul, mais il n'y a qu'une peine pour les deux délits ; qu'elle soit plus forte, parce que l'infraction est double, est-ce anormal? La simultanéité des délits forme un élément de moralité qui, comme le casier judiciaire ou les renseignements fournis sur le prévenu, portent le juge à prononcer une peine plus élevée, et il y a bien d'autres circonstances dont il faudrait tenir compte alors si l'on entre dans cette voie. Pourquoi ne pas rechercher dans le fait lui-même, si le juge n'a pas, pour porter à plus de trois mois une condamnation pour infraction unique, eu égard à d'autres considérations. Peut-être le tribunal a-t-il frappé plus fort parce qu'à l'époque où le fait a été réprimé, le genre de délit était très fréquent et qu'il fallait faire des exemples! Il pourrait y avoir encore d'autres causes extrinsèques au fait lui-même qui auraient pu peser dans la balance! Si, en cas de pluralité de délits, les juges sont ou peuvent avoir été plus sévères, c'est que la responsabilité et la culpabilité de l'agent sont jugées plus étendues, et il serait souverainement déraisonnable, aussi bien en droit qu'en équité, de faire bénéficier un condamné d'une plus grande culpabilité.

Que si l'on pousse le système contraire à celui que nous soutenons dans toutes ses conséquences, l'on arrive aux résultats les plus singuliers et les plus bizarres. Pourquoi, par exemple, tiendrait-on compte d'une condamnation prononcée pour plusieurs vols à six, huit mois de prison ou même plus? Ici il ne s'agit plus de deux textes. L'article 401 tout seul est appliqué : le tribunal a prononcé pour deux, trois, quatre, cinq, six vols une condamnation à quatre mois, neuf mois, un an, quinze mois, dix-huit mois de prison. Pourquoi la prendre en considération? Sait-on pour quel taux chacun des vols, s'il y en a deux, est compris dans une peine de quatre mois, s'il y en a trois, dans une peine de neuf mois, etc., ainsi de suite? Puisqu'ici encore la ventilation n'est pas possible, ne tiendra-t-on pas compte de la condamnation? Où en arriverait-on avec ce système? Mais il est irrationnel au dernier point : une peine est indivisible; quel que soit le nombre des faits commis, l'on ne peut dire et l'on ne doit rechercher la peine attachée à chacun des faits. En veut-on d'irrécusables preuves. Supposons un accusé de nombreux attentats à la pudeur sur plusieurs victimes, supposons un faussaire qui aura commis, comme cela se voit fréquemment, plusieurs centaines de faux, qu'on punisse l'un et l'autre de cinq années de réclusion, un minimum; dira-t-on qu'il n'y a qu'un fait de puni? Évidemment non. Qu'un voleur ayant commis plusieurs soustractions soit condamné, sans circonstances atténuantes, à un an de prison, minimum de la peine, dira-t-on qu'un seul délit a été puni? Évidemment non. Pourquoi? parce que la peine est indivise quoiqu'elle puisse frapper des faits nombreux et distincts. En effet, le châtiment n'est que la sanction de la culpabilité par elle-même essentiellement indivisible. Ce que l'on recherche en punissant, ce n'est point de frapper l'agent à raison d'une énumération plus ou moins grande de faits, chacun punissable en soi, mais bien de lui infliger un châtiment en rapport avec l'étendue de sa culpabilité. Or celle-ci est une et indivisible comme la personnalité de l'agent, et quoi qu'il y ait pluralité de fautes, la sanction est plus ou moins étendue, mais demeure indivisible, comme la culpabilité, comme la responsabilité.

Ces principes incontestables ont amené la Cour de Cassation à se prononcer dans une autre hypothèse qui au premier abord semblerait devoir être résolue dans un sens contraire à la précédente. Une condamnation a été infligée, à la fois pour un délit qui n'est pas spécifié par l'article 4, et pour un autre qui rentre dans son énumération. Ce dernier est frappé par la loi d'une peine plus faible que le premier, de telle sorte que l'article 365 du

Code d'Instruction Criminelle ayant reçu son application, c'est la peine du délit non spécifié par la loi de 1885 qui a été visée. La Cour Suprême, dans son arrêt du 26 mai 1886, a décidé que cette condamnation devait compter pour la relégation. Ce qui rend la solution délicate, c'est l'intervention de l'article 365 du Code d'Instruction Criminelle, en vertu duquel la peine la plus forte a été seule prononcée, et c'était le châtiment prévu pour le délit non spécifié! Il semble alors qu'on peut dire que le délit spécifié n'a pas été réprimé, la peine n'ayant atteint que celui qui n'est pas prévu.

La Cour, pour motiver son arrêt, donne deux raisons dont l'une est tirée de l'esprit même de la loi, inspirée par des idées de protection sociale, l'autre de l'indivisibilité de la peine. Étant donnés les principes posés plus haut, cette solution de la Cour, quelque étrange qu'elle puisse paraître à certains commentateurs, ne saurait soulever de difficultés. La peine est indivisible parce qu'elle est la sanction de la culpabilité, elle-même indivisible! Or, lorsqu'un individu est condamné tout à la fois pour un délit spécifié et pour un autre qui ne l'est pas, n'est-il pas plus coupable que s'il n'avait commis que le délit spécifié? Ce dernier délit est aggravé d'un autre puni plus sévèrement, pourquoi n'en point tenir compte? C'est le délit spécifié qui, quoique moins grave intrinsèquement révèle pour le législateur moderne des instincts plus dangereux, quoiqu'il soit moins rigoureusement réprimé; il suffit qu'il influe sur l'appréciation de la peine pour qu'il puisse être compté, quel que soit le texte appliqué. En somme, plus les faits délictueux sont nombreux, plus grande est la culpabilité; c'est la raison première qui vient à l'esprit, c'est elle qui par sa simplicité vous séduit au premier abord, c'est elle qui contient la solution du problème (¹).

On pourrait cependant faire une autre objection à la solution que nous donnons dans l'hypothèse précédente. L'application de l'article 365 du Code d'Instruction Criminelle a été faite, et la peine la plus forte, c'est-à-dire celle du délit n'entraînant pas la relégation a été prononcée. Si l'on inflige la relégation à raison même de cette peine, on va faire produire des effets à un texte qui n'est pas appliqué, puisque la peine la moins grave seule comportait relégation, et qu'elle n'a point été infligée.

Cette objection est sans portée, soit que l'on considère une condamnation antérieure ou la dernière, celle qui frappe de la relégation en même temps que de la peine principale. On ne peut dire, s'il s'agit d'une condamnation antérieure, que le juge, appliquant l'article 365, a prononcé l'accessoire du châtiment le plus faible, puisque, à ce moment, la relégation n'était pas et n'a pas été encourue. Cette condamnation indivisible, quant aux faits réprimés, comptera en vue de la relégation, parce qu'elle frappe également le délit spécifié, rendu plus grave par la coexistence d'une autre infraction non prévue à l'article 4.

Mais, s'agit-il de la dernière condamnation, alors il semble que l'on puisse plus sérieusement se demander

---

(¹) Cass., 27 mai 1886. B. 193. 1886, p. 311. — D. P. 1886. 1. 229. — P. F. 1886. 1. 139. — 10 juin 1886. B. 209. 1886, p. 342. — D. P. 1883. 1. 352. — P. F. 1886. 1. 141. — 25 juin 1886. B. 223. 1886, p. 368. — D. P. 1886. 1. 352. — P. F. 1886. 1. 141. — 26 juin 1886. B. 226. 1886, p. 374. — 1er juillet 1886. B. 232. 1886, p. 384. — Cour d'assises Orléans, 23 janv. 1888. P. F. 88. 2. 171. — Le Poittevin, p. 39. — Berton, *Code*, p. 88. — *Contra* Tournade, p. 53. — Jambois, p. 63. — Gay, p. 78. — Garçon, p. 38. — Sarrut, note. D. P. 1886 2. 56.

si l'application de la peine la plus forte va entraîner l'application de la peine de la relégation, accessoire de la plus faible dont le texte n'est pas lui-même visé.

On peut dire que, du moment que les deux infractions sont punies, il est peu utile de rechercher quel est le texte qui a été appliqué, puisque la relégation s'attache à la répression d'un délit spécifié ; que, du moment qu'il est atteint, elle doit être prononcée. Mais on peut, en faveur du système que nous avons soutenu, répondre encore que, maintes fois, la jurisprudence a décidé que les peines accessoires, et notamment la surveillance de la haute police, pouvaient être appliquées, nonobstant l'article 365 du Code d'Instruction Criminelle. Il est vrai que l'on fait remarquer que ce que la jurisprudence décide pour la peine accessoire de la surveillance, elle refuse de l'admettre pour l'amende, en matière de crime de faux (art. 164 du Code Pénal). Qu'un faux soit poursuivi concurremment avec un autre crime puni de peine plus forte, l'article 365 s'appliquera d'une manière absolue, et l'amende prononcée par l'article 164 du Code Pénal, comme l'accessoire du faux, ne saurait être ajoutée à la peine prononcée (1). Ce sont là des bizarreries de la jurisprudence que nous ne nous chargerions pas d'expliquer ; toutefois, il nous est permis de noter que la surveillance est toujours une peine accessoire, tandis que l'amende est tantôt accessoire, tantôt principale. De telle sorte que, dans la pensée de la Cour de Cassation, cette peine ajoutée au faux revêt peut-être pour elle le caractère de la peine principale ; en tous cas, d'un accessoire indivisible.

---

(1) Cass., 29 août 1867. D. P. 1867. 5. 312. — *Code pénal,* annoté Dalloz, art. 164, n° 4.

Il faut cependant reconnaître que cette jurisprudence, en matière de faux, semble tout exceptionnelle, et que la doctrine générale proposée par les arrêts semble admettre le principe posé, à savoir que l'article 365 du Code d'Instruction Criminelle ne fait pas obstacle à l'application des peines accessoires [1].

Pour repousser l'analogie que nous voulons établir, à ce point de vue, entre la surveillance de la haute police et la relégation, on a dit [2] encore que si la première était une peine accessoire, la seconde n'avait point positivement le même caractère; que les peines accessoires sont attachées plutôt au délit qu'à la peine principale. Or, la relégation est attachée à la peine bien plutôt qu'au délit lui-même, puisque, pour être comptées, les condamnations doivent avoir atteint un certain taux. Cela est bien exact; mais on oublie peut-être un peu aussi que, pour prononcer la relégation, il faut quelque peu tenir compte des délits eux-mêmes; que leur qualification et leur nature jouent un certain rôle. Le quantum de la peine est pris en considération; mais bien plus grande est l'influence que peut avoir la nature même de l'infraction, puisque des infractions punies de châtiments très graves n'entrent point en ligne de compte, alors que d'autres, d'un caractère bénin, punies de quelques heures de prison, peuvent, si elles appartiennent à la liste de l'article 4, servir d'appoint utile.

Et que sont donc les peines accessoires, en définitive? Ce sont des châtiments supplémentaires jugés néces-

---

[1] Cass., 23 sept. 1837. — 12 sept. 1844. — 24 avril 1847. — 11 avril 1850. — 13 mai 1852. — Rapportés à la table 1798-1857. *Bulletin arrêts Cassation*, vᵒ *Peine*.

[2] Voir D. P. 1886. 2. 49. Note de M. L. Sarrut.

saires, soit pour amender le coupable, soit pour protéger le corps social ; les peines ordinaires, inefficaces et insuffisantes pour certains criminels spéciaux, sont renforcées par des accessoires spéciaux. N'est-il pas vrai de dire alors que la relégation, autant et plus que toute autre peine, s'appliquant à une catégorie spéciale de condamnés, mérite d'être nommée accessoire ? Ne vient-elle pas s'ajouter aux peines inefficaces et insuffisantes du droit commun dans un but de préservation sociale ?

Et puis, l'on peut encore soutenir que la relégation est, à la différence de la surveillance de la haute police, non pas l'accessoire d'un délit, mais d'une série de délits ; que cette série se compose d'un certain nombre de condamnations prononcées pour faits déterminés ; qu'il suffit de rechercher si les infractions spécifiées ont été réprimées, pour qu'elle soit prononcée ; qu'étant ainsi l'accessoire latent de condamnations antérieures, l'article 365 du Code d'Instruction Criminelle ne saurait avoir sur elle d'influence plus grande que sur la surveillance de la haute police, qui n'est, elle, l'accessoire que d'une seule peine.

Les tentatives des délits et la complicité doivent-elles être considérées au même titre que les délits eux-mêmes ?

En matière criminelle la question n'est même pas posée puisque le législateur n'a eu égard qu'à la peine prononcée et non au fait lui-même.

La loi de 1885 (art. 4) est muette sur les tentatives des divers délits qu'elle prévoit. Elle ne dit rien non plus de la complicité. L'auteur d'une tentative, le complice punis comme tels, peuvent-ils être relégués à raison de pareille condamnation ? Dans ces deux cas, la loi pénale décrète des peines égales. Les tentatives du délit sont punies comme le délit lui-même. Les complices subissent le même châtiment que les auteurs principaux, pourquoi la loi de 1885 ne serait-elle pas applicable dans ces hypothèses? La responsabilité et la culpabilité ne sont-elles pas les mêmes que celles de l'auteur principal ou des délits consommés? La question a été portée devant la Cour de Cassation qui a décidé que les peines prononcées soit pour tentative de vol, soit pour complicité de ce délit devaient servir d'appoint aux condamnations nécessaires pour entraîner la relégation, tout comme celles prononcées à raison du vol. La question se trouve dès lors tranchée pour les autres délits ([1]). Elle a, d'ailleurs, une importance relative, car les seules tentatives de délits spécifiés punissables sont celles du vol et de l'escroquerie.

Telles sont les questions que, d'une manière générale, peut soulever l'article 4; examinons celles qui peuvent être plus spéciales à chacun de ses paragraphes.

Le § 1 ne saurait, en réalité, donner lieu à sérieuses difficultés. Est relégable, tout individu qui, dans les conditions de temps déterminées, a subi deux condamnations criminelles à temps, à l'exclusion bien entendu de toute condamnation politique et des condamnations perpétuelles avec lesquelles la relégation est incompatible. Il faut donc pour être relégable avoir été condamné aux travaux forcés à temps ou à la réclusion ([2]).

La relégation est, disons-nous, incompatible avec une peine perpétuelle; pour la mort, les travaux forcés à perpétuité, il est inutile d'en donner la raison. Il pourrait se

---

[1] Cass., 10 juin 1886. B. 208. 1886, p. 340. — D. P. 1886. 1. 351. — P. F. 1886. 1. 143.

[2] Cass., 26 juin 1886. B. 229. 1886, p. 379. — D. P. 1886. 1. 478.

faire cependant qu'un condamné à mort ou aux travaux forcés à perpétuité vît sa peine commuée en travaux forcés à temps; il était relégable, lors de la poursuite, ayant déjà subi le nombre de condamnations nécessaire et c'est précisément son état de récidiviste qui aura motivé l'excès de sévérité du jury et de la cour. Sa peine est commuée; il ne sera pas relégué! La conséquence peut paraître regrettable; mais, en l'état de la législation, elle est inévitable.

Il est également certain que si la première condamnation prononcée était la mort ou les travaux forcés à perpétuité et que, par voie de grâce, les peines eussent été commuées en travaux forcés à temps ou réclusion, on devrait en tenir compte pour l'application du § 1.

Mais que décider en matière de travaux forcés à temps? La loi de 1854, de plein droit, soumet à la transportation perpétuelle les forçats condamnés à plus de huit années. Seront-ils néanmoins passibles de la relégation? L'état de transporté et celui de relégué sont-ils incompatibles? Le législateur a prévu le cas, car il décide qu'il ne sera pas dérogé aux §§ 1 et 2 de l'article 6 de la loi du 30 mai 1854, et cela se comprend aisément; tant que le transporté subit sa peine, nulle difficulté; il est soumis au régime de la transportation qui diffère de celui du relégué. Mais le forçat a subi sa peine, il est libéré et demeure dans la colonie un temps égal à sa peine s'il a été condamné à moins de huit années, et perpétuellement si sa condamnation a atteint huit ans. Il était indispensable que le législateur indiquât que s'il était passible de relégation, le forçat devait être relégué, car en décidant le contraire le condamné se fût trouvé dans une situation relativement bien supérieure aux relégués, et méritant une peine il ne l'eût point subie, alors peut-être qu'en fait il eût été bien plus coupable que nombre de relégués correctionnels. La Cour de Cassation l'a ainsi jugé en déclarant que la transportation et la relégation n'étaient point incompatibles (¹).

On s'est également demandé si la contrainte par corps pouvait être prononcée contre un relégué. La question ne paraît pas douteuse. Le relégué n'est point, en effet, en état d'incapacité légale, il est *sui juris,* peut acquérir, posséder, aliéner et, par suite, être contraint par corps à la différence de ceux frappés de peines criminelles emportant interdiction légale (²).

Le § 2 de l'article 4 ne saurait faire naître de difficultés sérieuses.

Que faut-il entendre par condamnation à l'emprisonnement pour fait qualifié crime? Le sens de ces expressions n'est point douteux pour nous; c'est toute condamnation prononcée par une cour d'assises ou même par un tribunal correctionnel (art. 68 C. P.) pour crime, qui, par suite de l'admission des circonstances atténuantes, ou des excuses légales, ou de l'âge de l'inculpé, a dégénéré en délit et n'a été puni que de l'emprisonnement.

Une difficulté s'élève, cependant, au sujet de la minorité. La Cour de Cassation considère que le crime commis par un mineur de seize ans est un délit puni de peines correctionnelles; les arrêts sont nombreux; aussi, suivant M. Garçon (³), ne doit pas compter pour la relégation, la condamnation à dix, vingt ans de prison pour meurtre,

---

(¹) Cass., 17 oct. 1887. B. 354. 1887, p. 564. — Montpellier, 2 avril 1886. D. P. 86. 2. 145. — Cass., 20 sept. 1888. B. 295. 1888, p. 462.

(²) Cass., 8 avril 1886. P. F. 1886. 1. 110.

(³) Garçon, p. 24.

viol, etc., prononcée contre un mineur, parce que ces
infractions ne sont pas prévues au § 2.

Cette argumentation, strictement tirée de la lettre même
de la loi, est tellement contraire à son esprit que nous
ne saurions l'admettre. Peu nous importe qu'à certains
points de vue le crime commis par un mineur soit considéré comme un délit; il l'est surtout en la forme, mais en
soi l'acte est un crime et il n'est pas douteux que le législateur de 1885 n'ait entendu le comprendre dans les expressions générales : crimes punis d'emprisonnement (¹).

Mais quelle sera la durée de l'emprisonnement requise
dans le cas où une excuse légale a été admise?

La combinaison des articles 326 et 463 du Code Pénal
permet à la Cour d'assises de ne prononcer même qu'une
amende; il est bien certain que la condamnation à
l'amende prononcée à raison d'un crime excusable ne
saurait être comptée. Mais une condamnation à vingt-
quatre heures de prison suffira-t-elle? Il est clair que si
l'on prend la loi au pied de la lettre, il faudrait le
décider; nous pensons que ce serait méconnaître l'esprit
même de l'article 4. Le législateur n'a certainement point
songé à cette hypothèse; l'eût-il prévue? serait-il allé
jusqu'à faire compter pour l'application des §§ 2, 3 et 4
de l'article 4 une condamnation à moins de trois mois
de prison? Nous croyons que non; il a attaché une trop
grande importance au taux des condamnations correctionnelles à l'emprisonnement, pour qu'on puisse supposer qu'il eût fait autrement relativement à des condamnations pour crime qui en réalité sont devenues, par
l'application de la peine, de véritables condamnations

____

(¹) Le Poittevin, p. 50.

correctionnelles, le crime excusé étant lui-même un crime dégénéré, et sans les caractères graves du crime au sens propre du mot. A notre avis donc, pour qu'une condamnation prononcée à raison d'un crime excusable puisse entrer en compte aux §§ 2, 3 et 4 de l'article 4, il faudra qu'elle atteigne le minimum de trois mois et un jour de prison. Au § 4 cependant, elle pourrait également figurer au groupe des condamnations de moins de trois mois.

Que décider de la détention correctionnelle prononcée contre un mineur déclaré coupable comme ayant agi avec discernement? Devra-t-on assimiler une pareille condamnation à l'emprisonnement? La loi ne répond point encore à la question. Nous pensons que dans le doute, il faut s'abstenir de la considérer comme devant former un appoint utile. La détention correctionnelle s'inflige souvent pour des années à des enfants que l'on veut soustraire à des influences, à des milieux détestables pour leur avenir. Souvent plusieurs années de correction punissent un délit qui n'aurait entraîné pour le majeur que quelques mois de prison. Aussi ne saurait-on mettre sur la même ligne la correction et l'emprisonnement.

Le § 2 contient l'énumération des délits nécessaires pour faire prononcer la relégation.

Cette énumération est-elle limitative?

Doit-on entendre par vols, abus de confiance, etc., tous les délits prévus au Code Pénal sous la rubrique vol, abus de confiance, etc.?

Je ne le pense pas. L'interprétation du texte doit être aussi restrictive que possible. Le seul tempérament, la seule extension plutôt, qui puisse y être apportée serait la suivante : on devrait compter en vue de la relégation les condamnations pour toute infraction qui réunit en elle-même les éléments essentiels des délits spécifiés. L'on ne doit pas, par exemple, prendre en considération une condamnation pour filouterie d'aliments; elle est comprise, depuis 1873, dans l'article 401. Mais elle n'est, en réalité, ni un vol, puisqu'il n'y a pas de soustraction frauduleuse, ni une escroquerie, puisqu'il n'y a point de manœuvres, ni un abus de confiance, puisque aucun contrat ne lie le restaurateur et le consommateur. La Cour de Cassation l'a ainsi pensé [1].

A fortiori, le délit de fabrication ou d'altération de clef qui, en lui-même, ne contient aucun des éléments du vol, ne devrait-il être compté. (Art. 399.)

De même le délit de chantage qui, avant 1863, demeurait impuni parce qu'il ne réunissait ni les conditions du vol ni celles de l'escroquerie.

De même aussi le détournement d'objets saisis ou la soustraction du gage ne sauraient être admis dans le calcul. Pour le premier délit, il ne s'agit point de la chose d'autrui; pour le second, il n'y a pas de soustraction frauduleuse [2].

Que décider en ce qui concerne le délit de l'article 387? Il faut reconnaître qu'au point de vue pratique, cette infraction est des plus rares. Que le voiturier ou le batelier altèrent le liquide qui leur est confié, ils le font dans le but de dissimuler le plus souvent une soustraction par

[1] Cass., 5 juin 1886. B. 206. 1886, p. 337. — D. P. 1886. 1. 351. — P. F. 1886. 1. 146. — 9 juillet 1886. B. 250. 1886. p. 412. — 15 juillet 1886. B. 257. 1886, p. 426. — D. P. 1885. 1. 479. — P. F. 1886. 1. 189. — Le Poittevin, p. 20. — Berton, *Code*, p. 57. — Surrut, note. D. P. 1886. 2. 49 et s. — Jambois, p. 53. — Garçon, p. 33. — *Contra* Tournade, p. 86. — Depeige, p. 39.

[2] Garçon, p. 30. — Le Poittevin, p. 21.

eux commise. Aussi seront-ils bien plutôt poursuivis, soit pour vol (art. 386), soit pour abus de confiance (art. 408); et l'article 387 ne recevra d'application que très exceptionnellement. Néanmoins, au cas où il en reçoit, il faut décider que la condamnation qui intervient ne peut entrer en ligne pour le calcul du nombre des condamnations nécessaires, parce que l'infraction n'a aucun des caractères constitutifs du vol. Elle ressemble bien plus à un dommage causé à la propriété d'autrui, tout au moins lorsque les substances qui ont servi au mélange ne sont pas nuisibles.

L'article 388, au contraire, prévoit toute une série d'infractions qui, par leur caractère, ne sont autres que des vols au préjudice de l'agriculture, vols de bêtes de somme ou d'outils, vol de bois, vol de récoltes pendantes ou non; il n'est pas douteux qu'il est compris sous la rubrique vol, de l'article 4; il n'y a point d'ailleurs d'hésitation si l'on s'en réfère aux travaux préparatoires de la loi (¹).

Doit-on en dire autant de cette infraction rare, elle aussi, prévue par l'article 389? Il s'agit de vol à l'aide de déplacement ou destruction de bornes. Si dans l'espèce il n'y a pas une appréhension, une soustraction frauduleuse immédiate, il existe cependant une intention de fraude qui se révèle chez son auteur par la destruction ou le déplacement des bornes qui ont été effectués pour faire croire à l'appropriation du terrain. Pourquoi n'assimilerait-on pas cette infraction au vol? Il y a une autre raison pour le faire. L'article 389 est une aggravation de l'ar-

---

(¹) Sénat, séance du 20 fév. 1885. — Montpellier, 2 avril 1886. D. P. 1886. 2. 145.

ticle 388. Le délit prévu par ce texte, puni d'abord de peines criminelles, ne l'est plus, depuis 1863, que de peines correctionnelles ; dans l'esprit du législateur, c'était un vol plus grave que ceux visés à l'article 388. Si l'on admet que les hypothèses énoncées à ce texte doivent être considérées pour la relégation, *a fortiori* faut-il admettre l'infraction de l'article 389 [1].

Sous la rubrique escroquerie on ne peut trouver d'équivalent ; l'article 405 est général et comprend toutes les catégories des manœuvres qui constituent le délit.

Quant à l'abus de confiance, avec les articles 406 à 410, il semble avoir plusieurs variétés et l'on peut se demander si le législateur les a toutes comprises au § 2 de l'article 4.

En droit, pour qu'il y ait abus de confiance dans le sens étroit du mot, il faut qu'il y ait détournement par un individu d'une chose qui lui a été confiée ou remise, à certains titres (louage, dépôt, mandat, prêt, etc.)

Trouvons-nous ces conditions réunies dans l'article 406, qui punit l'homme qui a abusé des faiblesses ou des passions d'un mineur pour se faire souscrire des obligations, quittances ou décharges ?

Les trouvons-nous dans le fait du plaideur qui, après avoir produit des pièces dans un procès, les fait disparaître (art. 409) ?

A aucun titre de pareilles condamnations ne sauraient être comptées. — La seconde encore moins que la première, car elle n'est punie que d'une amende, et, seules, ainsi que nous le verrons, les condamnations à l'emprisonnement sont supputées dans les calculs [2].

---

[1] *Contra* Le Poittevin, p. 19.
[2] Le Poittevin, p. 23.

Il faut décider autrement relativement à l'abus de blanc-seing, dont tous les éléments sont communs avec ceux de l'abus de confiance proprement dit de l'article 408.

Dans l'abus de blanc-seing, en effet, nous rencontrons un contrat et le détournement de la pièce remise à titre de mandat ou de dépôt (¹).

Les délits d'excitation de mineurs à la débauche et d'outrage public à la pudeur sont renfermés dans des bornes étroites et n'ont point de près ou de loin d'équivalent, même dans les lois du 29 juillet 1881, article 28, § 1, et du 2 août 1882, sur les publications obscènes. L'outrage public du droit commun se manifeste par des actes extérieurs de personne à personne et qui atteignent le sentiment de la pudeur, tandis que les délits relevés aux lois indiquées sont des infractions qui blessent la chose, l'honnêteté publique. Pour que le délit puni par l'article 330 existe, il suffit d'une publicité très restreinte. La publicité du journal ou du livre est utile pour que les autres délits soient punissables. Ces différences essentielles expliquent pourquoi l'on ne doit, à notre avis, tenir compte pour l'application de la nouvelle loi que des condamnations prononcées par application de l'article 330 (²).

Le vagabondage et la mendicité. — Ces condamnations ne comptent (art. 4, § 2), que lorsqu'elles sont prononcées en vertu des articles 277 et 279 du Code Pénal, c'est-à-dire lorsque le vagabondage et la mendicité sont aggravés, soit par actes de violences, menaces, travestissements, port d'armes, etc.

____

(¹) Le Poittevin, p. 22. — Garçon, p. 35. — Jambois, p. 56. — Tournade, p. 57.

(²) Garçon, p. 36. — Le Poittevin, p. 23.

Le § 3 de l'article 4 ne donne point lieu à controverses. Il augmente le nombre des condamnations prévues aux précédents paragraphes en se montrant moins exigeant pour leur quotité. Ici le nombre remplace la qualité, si l'on peut ainsi nommer la gravité des faits punis.

Au § 4, de nombreuses questions s'élèvent. A propos du vagabondage et de l'infraction à l'interdiction de séjour, se présentent deux difficultés. — Doit-on assimiler au vagabondage simple le délit prévu par le § 4 *in fine?* — Doit-on assimiler à l'infraction d'interdiction de séjour le délit de rupture de ban?

La nouvelle infraction, assimilée au vagabondage quant à la peine dans l'article 4 *in fine,* a été créée par le législateur de 1885 pour purger les grandes villes surtout d'une foule de gens dont le nombre et l'audace croissaient de jour en jour et qui, surtout à Paris, devenaient un danger redoutable. Quelques arrêts (¹) avaient bien timidement frappé des peines du vagabondage les gens sans aveu, sans domicile et sans profession avouable : la question pouvait néanmoins paraître délicate, aussi à juste raison le législateur de 1885 a-t-il expressément prononcé une peine contre eux. Ceux qui exerceront la prostitution d'autrui sur la voie publique, c'est bien là ce que l'argot des filles et de la police a flétri du nom de souteneurs, ceux-là sont punis des peines du vagabondage qu'ils aient ou non un domicile, si c'est leur seule industrie qui leur procure des ressources. — Qu'ils aient ou non un domicile. Le législateur répondait ainsi à une objection qui était faite quand l'un d'eux était traduit pour vagabondage devant les tribunaux. Le domicile !

____

(¹) Cass., 23 août 1883. — *Gaz. des Trib.,* 4 oct. 1883.

mais ils en ont toujours chez la femme à laquelle ils prêtent, moyennant rétribution, l'aide de leurs bras, ou le secours de leur canne plombée, ou de leur coup de poing américain; pour les atteindre, il fallait pouvoir ne point s'arrêter à cette considération. D'ailleurs, quel singulier domicile! quel principal établissement! Il change souvent et est aussi instable que leurs vicieuses passions. Le texte de loi lève donc les derniers scrupules des cours et tribunaux que pouvait émouvoir l'argument juridique produit par cette catégorie de malfaiteurs. Ils tombent sous le coup de la loi, à condition qu'ils exercent leur métier sur la voie publique.

Sont également assimilés aux vagabonds, et s'ils exercent aussi sur la voie publique, les gens qui pratiquent ou facilitent l'exercice des jeux illicites. M. Waldeck-Rousseau, ministre de l'intérieur, a très clairement et très nettement défini au Sénat (séance du 13 février 1885), ce qu'il fallait entendre par jeux illicites. Ce sont les jeux de hasard qui, ne constituant pas par eux-mêmes une escroquerie, n'ont point été autorisés par l'autorité compétente.

Ces diverses espèces d'infractions doivent-elles être assimilées au vagabondage simple ou au vagabondage qualifié, rentrer dans l'énumération du § 2 ou ne figurer qu'au § 4. La question s'est posée au Sénat. M. Bozérian voulait qu'elles fussent traitées comme le vagabondage qualifié. Au contraire, le Gouvernement les assimilait au vagabondage simple et le texte proposé par M. Bozérian fut repoussé. Il ne saurait donc y avoir doute aujourd'hui. Il résulte de la discussion que, dans l'esprit même du législateur, ces délits doivent être comptés en vue de la relégation, mais seulement au § 4.

Que décider en ce qui concerne la rupture de ban? Elle n'est point nommée au § 4, on ne doit point la compter. Cette opinion a reçu la consécration de certains arrêts de cours d'appel, et d'auteurs, mais la Cour de Cassation les condamne absolument. Elle assimile, en effet, cette infraction à celle qui la remplace, et trouve dans la loi elle-même la raison de décider. L'article 19, ainsi que nous le verrons, porte que les règles d'application de durée, de remise ou de suppression de la surveillance de la haute police sont applicables à l'interdiction de séjour. La sanction de l'infraction nouvelle est la même que pour la rupture de ban. L'assimilation étant complète, la Cour de Cassation a, avec raison, pensé que la condamnation pour rupture de ban devait être comptée. Le législateur a évidemment commis un oubli, en restant muet à ce sujet. Il n'a plus songé, en se préoccupant de l'avenir, que dans le passé ces condamnations existaient encore et en grand nombre (¹).

Il est certain, d'après les termes mêmes du § 4 de l'article 4, que le délit de mendicité simple ne doit pas figurer au nombre des sept condamnations prévues. Le texte est muet : si ce délit n'est point relevé, c'est après une discussion qui ne permet pas aujourd'hui l'hésitation. Sur une remarque de M. Bérenger, sénateur, le projet, qui primitivement comprenait la mendicité simple, fut renvoyé à la Commission, qui donna satisfaction à l'honorable membre du Sénat et raya ce délit.

A contrario, doit-on admettre comme appoint aux sept

(¹) Rejet 15 avril 1886. B. 150. 1886, p. 244. — D. P. 1886. 1. 227. — P. F. 1886. 1. 110. — 26 juin 1886. B. 226. 1886, p. 374. — Le Poittevin, p. 27. — *Contra* Paris, 3 fév. 1886. S. 86. 2. 76. — Orléans, 9 fév. 1886. D. P. 86. 2. 59 et 16 mars 1886. D. P. 86. 2. 147. — Paris, 8 avril 1886. D. P. 86. 2. 62. — Tournade, p. 42. — Depeige, p. 42. — P. F. 2. 137, note 1.

conndamations la mendicité qualifiée? Deux au moins
des condamnations prévues par les paragraphes précédents, dit le § 4, article 4. La mendicité qualifiée est au
nombre de ces condamnations et par suite doit être admise
au calcul (1).

Parmi les condamnations prononcées, doit-on tenir
compte des condamnations à l'amende? La question ne
peut se poser que pour le § 4 de l'article 4, puisque pour
les autres la loi exige expressément des condamnations à
l'emprisonnement dont le *quantum* est déterminé.

Ne paraît-il pas étrange de poser pareille question? Ne
semble-t-il pas que seules les condamnations à l'emprisonnement peuvent être prises en considération? Cependant certains auteurs ont soutenu avec le texte en main,
ce qui paraît encore plus singulier, que ces condamnations devaient compter! L'article 4, disent-ils, ne distingue
pas, il ne prononce pas le mot d'emprisonnement; il ne
pose aucune condition de *quantum* et encore moins de
nature de la peine; et M. Le Poittevin ajoute : « Ce système
» est d'ailleurs en complète harmonie avec l'esprit de la
» loi : le législateur a voulu frapper les vagabonds dès qu'il
» est reconnu qu'ils sont incorrigibles; qu'ils ne peuvent
» se résoudre à avoir un domicile fixe et à travailler; or,
» nous l'avons dit, c'est par le nombre des condamnations
» et non par la gravité des peines que cette incorrigibilité
» se manifeste (2). »

Eh bien! non, tel n'est pas l'esprit de la loi.

Le législateur n'a pas une fois prononcé le mot d'amende.
— Les articles 6, 8, 12 révéleraient suffisamment sa

---

(1) *Contra* Le Poittevin, p. 26.
(2) Le Poittevin, p. 61. — Garçon, p. 57. — *Contra* Tournade, p. 41. —
Berton, *Code*, p. 60. — *Relég.*, p. 63 et s.

pensée, si elle n'était déjà claire. La relégation n'est applicable, dit l'article 6, aux individus âgés de plus de plus de soixante ans, que si, *à l'expiration de leur peine,* ils n'ont pas atteint cet âge. Selon l'article 8, celui qui l'aurait encourue, s'il n'avait pas atteint soixante ans, est, *à l'expiration de sa peine,* soumis à l'interdiction de séjour. Ici l'argument a encore plus de force; l'interdiction de séjour, peine infiniment moins grave que la relégation, ne peut résulter que de peine corporelle. Enfin l'article 12 dit encore : « La relégation ne sera appliquée qu'*à l'expiration de la dernière peine* à subir..... Il (le gouvernement) pourra faire subir tout ou partie de la *dernière peine* dans un pénitencier. »

Le § 4 de l'article 4 donne lieu à d'autres difficultés. Par ses termes : *sept condamnations, dont deux au moins prévues par les paragraphes précédents,* que faut-il entendre? Pourra-t-on reléguer un condamné qui en aura subi trois, en admettant bien entendu que le nombre de sept soit complété par quatre condamnations pour vagabondage?

Quel sens faut-il donner également à ces mots : *plus cinq condamnations pour vagabondage, etc., à la condition que deux d'entre elles soient à plus de trois mois?* Ces deux dernières sont-elles une condition *sine qua non* de la relégabilité?

Enfin les trois condamnations, qui peuvent être inférieures à trois mois, doivent-elles avoir été prononcées pour vagabondage ou infraction à l'interdiction de séjour, comme semble l'indiquer le texte?

Ces trois questions qui sont unies entre elles par un même lien ont été, disons-le tout de suite, résolues par la Cour de Cassation dans le sens le moins étroit. Ainsi, il, résulte des arrêts de Cassation que trois condamnations à plus de trois mois prévues par les paragraphes précédents, et même quatre dans une hypothèse que nous aurons à examiner, peuvent se trouver réunies à quatre condamnations pour vagabondage dont une seule à plus de trois mois, ou à trois condamnations à moins de trois mois, d'où cette conséquence forcée que les deux condamnations à plus de trois mois pour vagabondage ou infraction à interdiction de séjour ne sont pas nécessairement exigées. Enfin, d'après la Cour de Cassation, peu importe la cause des condamnations, pourvu qu'elles soient au nombre de sept, et pour les délits spécifiés, le condamné sera relégable n'eût-il point été condamné pour vagabondage.

Avant de justifier ces solutions, que nous croyons conformes à l'esprit de la loi, il nous faut examiner la doctrine contraire, qui a pour elle des arrêts de cours et des auteurs recommandables.

Sur le premier point, cependant, aucun désaccord. L'on est obligé de reconnaître que *deux au moins* des condamnations prévues par les paragraphes précédents n'est pas un nombre minimum; l'on veut bien que deux au moins ne signifie pas *deux au plus*, et tout le monde s'accorde à décider que lorsque parmi les sept condamnations il y en aura trois pour vol, escroquerie, abus de confiance, etc., à plus de trois mois ou même quatre, le prévenu sera relégable en vertu du § 4. Nous venons de répéter que le § 4 sera applicable lorsque les antécédents du prévenu révéleront quatre condamnations à plus de trois mois, cela semble étrange puisque c'est justement l'hypothèse du § 3. C'est bien exact, mais la remarque que nous faisons a son importance, dans la période transitoire de la loi. L'on ne pouvait reléguer de plein droit les condamnés qui se trouvaient de par leur passé remplir les conditions voulues. L'on a exigé qu'ils subissent une nouvelle condamnation. Or, pour que cette condamnation puisse faire prononcer la relégation, il faut, ainsi que nous le verrons plus loin, qu'elle appartienne à la série, au paragraphe de l'article 4 que l'on applique. Si donc un prévenu a sept condamnations, et que parmi elles s'en trouvent quatre à plus de trois mois pour vol, il sera relégable, d'après la Cour de Cassation, alors même que pour le nouveau délit, vagabondage par exemple, il serait condamné à vingt-quatre heures de prison. Dans cette hypothèse, ce serait le § 4 qui serait applicable et non le § 3, la condamnation nouvelle ne rentrant pas dans la série du § 3.

On le voit, les expressions *deux au moins* des condamnations prévues par les paragraphes précédents peuvent vouloir dire trois ou même quatre condamnations.

La discussion sur la question posée n'a pu naître; elle eut, dès l'abord, été rendue stérile par les observations présentées au Sénat par M. Ninard, l'un des commissaires, et par les termes mêmes de la loi.

Les termes de l'article 4! Que signifieraient les mots *deux au moins?* Si l'on ne pouvait jamais tenir compte que de deux condamnations, pourquoi dire *au moins?* ou bien ils n'ont aucun sens, ou ils veulent dire quelque chose. Si on veut qu'ils aient une portée quelconque, il faut décider que *deux* n'est pas un nombre limité d'une manière impérative.

Lorsque la loi vint en discussion au Sénat, le § 4 formait l'article 6 du projet de la Chambre, lequel article 6 était ainsi conçu : « Sera relégué à vie tout individu qui aura » encouru, dans un intervalle de dix années, outre cinq » condamnations pour vagabondage dont une au moins à

» trois mois d'emprisonnement, deux condamnations au
» moins dans les conditions et pour l'un des faits visés
» par l'article 5 ou par les articles 4 et 5 combinés de la
» présente loi. »

La Commission du Sénat avait modifié ce texte en
exigeant, parmi les cinq condamnations, non pas une,
mais deux à plus de trois mois pour vagabondage; il
disposait : « Deux au moins des condamnations prévues
» par les paragraphes précédents, et cinq condamnations
» dont deux au moins à trois mois d'emprisonnement, soit
» pour mendicité ou vagabondage, soit pour infraction à
» l'interdiction de résidence par application de l'article 19
» de la présente loi, comme conséquence des condamna-
» tions ci-dessus précitées. »

Le texte de la Commission du Sénat qui se rapproche le
plus de la rédaction actuelle de la loi en diffère sur deux
points : la mendicité simple n'est pas admise au paragraphe 4, et parmi les condamnations autres que celles
prévues aux paragraphes précédents, deux d'entre elles
pour vagabondage ou interdiction de séjour doivent être
à plus de trois mois, au lieu de trois mois comme le
portait le § 4 sorti de la Commission. Sur les observations
de M. Ninard, en effet, le Sénat, conformément à ce qu'il
avait admis pour les condamnations correctionnelles, §§ 2
et 3, avait décidé qu'il fallait élever à plus de trois mois
les condamnations portées à ce paragraphe, modification
d'ailleurs sans importance au point de vue qui nous
occupe maintenant.

Ce que nous voulons surtout retenir, ce sont les explications de M. Ninard à propos du changement de rédaction du texte de la Commission; celle qu'il proposait, qui
fut adoptée, est, sauf un mot, le texte de la loi. L'honorable

sénateur prétendit avec raison que le texte de la Commission du Sénat, au nom de laquelle il parlait, pouvait prêter à équivoque, il était essentiel d'y remédier. « La relégation, » disait-il, serait encourue par deux au moins des con- » damnations prévues par les deux paragraphes précé- » dents et par les condamnations pour vagabondage ou » pour mendicité. Il pourrait ainsi se produire qu'au lieu » de deux condamnations pour vol et escroquerie, abus de » confiance, etc., etc., suivies de cinq condamnations pour » vagabondage simple, il se rencontrât trois condamna- » tions pour vol, etc., et quatre condamnations seulement » pour vagabondage. La relégation alors ne serait pas » encourue, et il en résulterait cette singulière consé- » quence, qui frappe immédiatement, qu'une condamna- » tion pour l'un des délits spécifiés au § 3, vol, etc., n'équi- » vaudrait pas à une condamnation pour vagabondage. » Ce n'est pas là assurément la pensée de la Commission, » ce n'est pas là assurément non plus la pensée du Sénat; » c'est moins encore l'esprit de la loi. La Commission » vous propose donc de substituer une rédaction nouvelle » à la rédaction proposée, afin de sauvegarder plus exac- » tement le principe même qu'elle veut introduire dans » le paragraphe en délibération. » C'est cette rédaction, proposée par M. Ninard, qui, sauf le mot mendicité éliminé plus tard, devint la loi actuelle.

Sur cette question le texte eût-il été obscur que les travaux préparatoires eussent suffi à l'éclairer; aussi pas de controverse possible. Mais la difficulté va surgir à propos des deux condamnations pour vagabondage à plus de trois mois : ces deux condamnations sont-elles absolument nécessaires? Oui, dit-on, puisque le texte porte, *à la condition que deux* de ces dernières condamnations soient à plus de trois mois. La loi est impérative, il faut dans toute hypothèse deux condamnations à plus de trois mois. Ainsi trois condamnations prévues par les paragraphes précédents, plus une condamnation à plus de trois mois pour vagabondage et trois condamnations quelconques pour ce délit, ne pourraient entraîner la relégation; en d'autres termes, une condamnation à plus de trois mois prévue par les paragraphes précédents (vol, escroquerie, etc.) ne pourrait substituer une des deux condamnations pour vagabondage à plus de trois mois; si donc on constate trois condamnations pour vol, il faudra néanmoins deux condamnations pour vagabondage à plus de trois mois.

Les auteurs qui soutiennent cette opinion s'appuient sur les termes mêmes de la loi et sur les travaux préparatoires. Le § 4 est formel; il dit *à la condition que deux* de ces dernières condamnations. — Peut-il y avoir des termes plus absolus? Et si l'on songe que c'est après discussion que le texte a été arrêté tel qu'il nous est donné, que l'on a inséré ces mots *à la condition*, aura-t-on des doutes sur les exigences du législateur?

Ce système est absolument inadmissible. Étant donné que l'on accepte dans la première partie du § 4 que *deux au moins* des condamnations prévues aux paragraphes précédents n'est pas et ne peut être limitatif, il faut conséquemment admettre qu'une condamnation à plus de trois mois pour vagabondage peut être remplacée par une condamnation à plus de trois mois pour vol; car l'on en arriverait, avec l'interprétation contraire, en exigeant nécessairement deux condamnations à plus de trois mois pour vagabondage, à fouler aux pieds la théorie que l'on avait admise, qu'il peut y avoir parmi les sept plus de deux condamnations pour vol, escroquerie, etc., à plus de trois mois. Cela porterait à cinq les condamnations à plus de trois mois. Or, le législateur n'en exige que quatre.

Quant à l'argument de texte que l'on dit être fortifié des travaux préparatoires, il n'a pas non plus une grande valeur. C'est après discussion que les mots *à la condition* ont été ajoutés dans le corps de la rédaction, nous en convenons. Mais il ne faut pas isoler ces expressions, si on veut connaître leur sens, des mots qui suivent; il faut prendre la phrase et voir comment elle a été ajoutée. L'on discutait, ainsi que nous le verrons plus bas, sur la question de savoir si le vagabondage simple pourrait être atteint par la loi nouvelle. De part et d'autre, il y avait des partisans et des adversaires convaincus. Enfin, on admit le vagabondage, mais avec des tempéraments. Seul, il n'aura aucune conséquence. Il devra, pour être pris en considération en vue de la relégation, être accompagné d'autres condamnations qui puissent permettre d'affirmer que le malfaiteur est dangereux. Une seule ne suffira pas, il en faudra au moins deux; et *a fortiori,* avons-nous vu, trois caractériseront-elles encore mieux son incorrigibilité. Les cinq autres condamnations seront pour vagabondage. Un vagabond cinq fois condamné est dangereux. Mais, pour avoir plus de garantie, veut-on encore qu'il ait subi, parmi ces cinq condamnations pour vagabondage, deux fois, plus de trois mois de prison. Et le texte est ainsi rédigé : au moins deux condamnations pour les délits spécifiés aux paragraphes précédents, et cinq condamnations pour vagabondage, à condition que deux soient à plus de trois mois. Le vagabondage ne rend relégable que si deux condamnations, parmi les cinq, sont à plus de trois mois. C'est le minimum de culpabilité pour le vagabondage, délit qui, par lui-même, révèle le minimum de perversité. Les mots *à la condition que* portent non pas sur la matière, mais sur le taux de la peine infligée au délit de vagabondage.

Les auteurs qui soutiennent que les condamnations prévues aux paragraphes précédents ne pourront substituer l'une des deux condamnations pour vagabondage à plus de trois mois, ne peuvent appliquer leur théorie aux cas les plus élémentaires. Il est clair que si les condamnations prévues aux paragraphes précédents ne peuvent remplacer l'une des condamnations pour vagabondage à plus de trois mois, toutes ces condamnations devront être proscrites. Or, il y en a une qui est gênante par son nom, le vagabondage qualifié. Fallait-il l'admettre ou la rejeter? On l'admet. Pourquoi? Parce que le § 4 parle de vagabondage! Mais il parle aussi de vol, dans sa première partie. Il faut, quand on adopte un système, pouvoir en faire une application complète; trop d'exception nuit!

Enfin, d'après ces mêmes auteurs, les condamnations à moins de trois mois doivent toutes être prononcées pour vagabondage, à l'exclusion de toutes autres. La raison de cette solution, raison aussi invoquée à l'appui de la théorie ci-dessus développée à l'occasion de la substitution d'une autre condamnation à une condamnation de plus de trois mois pour vagabondage, est tirée de ce que le législateur a entendu faire un texte uniquement applicable au vagabond. Le § 4 est ce texte. Or, l'on bouleverserait son œuvre, si on admettait le système de la substitution d'une condamnation quelconque à une condamnation pour vagabondage d'un taux supérieur ou inférieur à trois mois.

Cette interprétation est, d'après nous, erronée. Elle a tout d'abord contre elle le texte même.

L'article 4, § 4, est-il réservé au vagabondage? Que vient faire alors au texte l'infraction à l'interdiction de séjour? Qu'y venait faire la mendicité qui, elle aussi, y a figuré et a failli être assimilée au vagabondage?

Si on examine au contraire les travaux préparatoires, quelque confus, quelque contradictoires même qu'ils puissent paraître, on en verra se dégager deux ordres d'idées. D'une manière générale, le législateur a voulu éloigner de la métropole les malfaiteurs qui se révélaient comme des êtres dangereux par la perpétration de faits criminels graves en eux-mêmes et ceux qui se rendant coupables d'actes sans gravité intrinsèque en ont commis un tel nombre, que leur culpabilité accumulée, suivant l'expression de M. de Verninac, constitue elle-même une menace pour le corps social. En second lieu, il a voulu atteindre le vagabond, mais seulement lorsqu'il lui semblait dangereux, et il est si peu exact qu'un texte lui fût spécialement réservé, que, comme le mendiant simple, il a failli bénéficier de l'impunité au point de vue de l'application de la loi nouvelle.

Or, ces propositions sont-elles confirmées?

Prenant d'abord le texte de l'article 4, nous voyons : § 1, deux condamnations criminelles; § 2, une condamnation criminelle et deux condamnations à des peines correctionnelles; § 3, quatre condamnations à plus de trois mois; § 4, sept condamnations dont quatre à plus de trois mois. La culpabilité apparaît plus intense, avec un caractère plus aigu, dans les premiers paragraphes, elle se révèle par un petit nombre de faits. Au contraire, l'intensité diminue avec le nombre des condamnations, c'est la réunion de petites culpabilités qui en fait une grande. Il en résulte que dans l'esprit même du législateur, les infractions qui dénotent le plus sûrement un agent dangereux sont celles qui sont prévues au § 1, puis 2, etc.

Le législateur a frappé le vagabond, mais il n'a point entendu lui réserver un texte spécial.

Si le vagabondage a été compris au nombre des délits qui peuvent entrer en ligne de compte pour entraîner l'application de la loi, ce n'est pas sans difficulté. Les divers auteurs des projets de loi déposés ne considéraient point ces délinquants comme des hommes redoutables qui dussent être éloignés du territoire. Dans leur projet de loi, MM. Waldeck-Rousseau et Martin Feuillée ne voulaient point que le condamné uniquement pour vagabondage pût être relégué de plein droit.

Dans le projet signé de MM. Fallières et Devès, la relégation était encourue de plein droit, mais dans le cas où le vagabondage était accompagné de circonstances aggravantes!

En principe, à la Chambre, le vagabond de profession n'est pas coté comme malfaiteur dangereux, et au Sénat, que dit M. de Verninac, le rapporteur de la Commission? «A vrai dire, nous n'avons eu que des scrupules assez » rapidement levés pour le vagabondage et la mendicité » accompagnés de circonstances aggravantes prévues par » les articles précités du Code Pénal qui leur donnent un » caractère vraiment grave : mais le vagabondage et la » mendicité simples, n'est-il pas bien sévère de leur infli- » ger, même en cas de récidive réitérée, une peine aussi » dure que la relégation? Des criminalistes éminents ont » contesté et contestent encore à ces faits le caractère de » véritables délits que leur reconnaît le législateur de

» 1810. Ne risque-t-on pas d'atteindre des êtres irrémé-
» diablement paresseux peut-être, mais inoffensifs: des
» infirmes ou estropiés, des faibles d'esprit, incapables
» de travail, des malheureux jetés dans la misère par la
» maladie, par un chômage ou par une grève? Ils méri-
» tent la pitié plus que le blâme. Il faut distinguer entre
» les vagabonds et les mendiants ceux qui le sont par
» accident et ceux pour lesquels la mendicité et le vaga-
» bondage sont une véritable profession. Le Code Pénal
» ne le fait pas, mais à moins de circonstances aggra-
» vantes, il ne prononce contre eux que des pénalités
» légères que d'ailleurs le juge peut modérer à son gré,
» tandis que le projet actuel prononce la relégation de
» plein droit. » Puis il montre combien le vagabondage
est devenu fréquent, et l'intérêt qu'il y a à prendre des
mesures préventives; il faut frapper les incurables du
vagabondage, qui font de ce délit un genre d'industrie.

« Le vagabondage, continue le rapporteur, est l'école
» du délit et du crime. Ces vagabonds de profession ne
» sont le plus souvent que des criminels que la justice a
» été impuissante à atteindre. Ces arguments ont déter-
» miné les suffrages de la Commission. Toutefois, le
» vagabondage et la mendicité n'entraîneront à eux seuls
» la relégation, que lorsqu'ils seront accompagnés de
» circonstances particulièrement aggravantes, mentionnées
» aux articles 277 et 279 du Code Pénal. Le vagabondage
» simple n'entrera en ligne de compte que pour ceux qui
» auront été condamnés sept fois, dont deux fois soit
» pour crime, soit pour l'un des délits qui d'après la loi
» entraînent la relégation. » (Art. 4, § 4.)

Ainsi, voilà le vagabondage, mais lorsqu'il est accompagné de circonstances aggravantes, élevé à la hauteur

de délits tels que le vol, l'escroquerie, etc. Quant au vagabondage simple, il n'est pas dangereux en principe, il ne le devient que lorsque le condamné vagabond de profession cesse de mener une existence contemplative, pour commettre des vol, escroquerie, abus de confiance... Alors il est atteint par la loi, parce que les condamnations pour vol impriment à son auteur le caractère de malfaiteur dangereux. C'est bien là, en résumé, la substance des explications fournies par le rapporteur au Sénat. Or, admettons que l'on s'obstine à ne point vouloir substituer à une condamnation pour vagabondage simple, supérieure ou inférieure à trois mois, une condamnation pour vol du même taux, on va heurter de front l'idée même qui a présidé à la confection de la loi. On punit le vagabond qui a commis deux délits de vol, escroquerie, etc., parce que ce sont ces deux délits eux-mêmes qui le font présumer redoutable; or, il en a commis trois à plus de trois mois et un autre à moins de trois mois, et on veut qu'il soit regardé comme moins dangereux, parce qu'il lui manquera, au nombre des sept condamnations subies, une condamnation de plus de trois mois pour vagabondage et une à moins de trois mois pour le même délit, condamnations remplacées par deux autres pour vol, escroquerie, etc.

Il nous semble donc que le système contraire à celui de la Cour de Cassation est victorieusement réfuté. L'un de ses auteurs, M. Le Poittevin, confesse qu'il le trouve illogique, mais il s'en console, parce que, dit-il, malgré ses résultats fâcheux, il a du moins l'avantage d'être juridique et de respecter la lettre de la loi.

Nous avons vu qu'au point de vue du texte, celui de la Cour de Cassation n'est pas aussi défectueux qu'on veut bien le faire paraître; quant à l'esprit du législateur, il ne

peut faire doute, après les explications fournies, que c'est
bien celui que nous soutenons qui seul y est conforme.
Qu'a voulu le législateur et qu'a-t-il fait? Il a tracé les
règles à suivre pour déterminer les conditions de relégabilité, c'est-à-dire le nombre et la nature des condamnations nécessaires, qui par leur ensemble forment contre
le condamné une présomption *juris et de jure* de perversité, d'incorrigibilité. L'article 4, dans chacun de ses
paragraphes, indique relativement au *quantum* et au
nombre des peines prononcées un minimum. Le minimum
pour le § 4 est deux condamnations, vol, escroquerie, etc.
à plus de trois mois; deux pour vagabondage à plus de
trois mois, et trois autres pour vagabondage ou infraction
à l'interdiction de séjour à un taux quelconque. C'est la
culpabilité accumulée, mais la culpabilité minimum. Or,
quel est l'ordre de la gravité des faits punis? Celui fixé
par la loi et suivi par ses divers paragraphes. Le vol est
au-dessus du vagabondage, il révèle des instincts plus
mauvais. Le vagabond est donc le moins coupable des
condamnés atteints. Or, si on fait la somme des culpabilités
partielles qui forment la culpabilité accumulée, il est
facile de constater que si l'on remplace l'une quelconque
des condamnations pour vagabondage du § 4 par l'une
quelconque de celles visées au § 3, la culpabilité de l'agent
est plus grande. Tel est bien l'esprit général de la loi et
l'on ne saurait trouver dans les expressions *à la condition
que,* que nous avons d'ailleurs expliquées, un argument
bien puissant, cet argument détruisant, ainsi que nous
l'avons démontré, les effets de la première partie du texte
de ce paragraphe (1).

---

(1) Montpellier, 4 février 1886. D. P. 86. 2. 49. — Orléans, 4 mai 1886. D. P.
86. 2. 145. — Riom, 2 fév. 1886. D. P. 86, 2. 147. — Toulouse, 8 juin 1887.

Il demeure incontestable pour nous que toutes les condamnations prévues au § 4 de l'article 4 peuvent être remplacées par des condamnations pour faits énumérés aux paragraphes précédents; aussi bien les deux pour vagabondage à plus de trois mois, que les autres pouvant avoir un taux moins élevé.

En dehors des quatre cas prévus par l'article 4 dans chacun de ses paragraphes, nul condamné ne pourra être atteint. Peut-être eût-il été prudent de pousser un peu plus loin la rigueur, et d'élargir le cercle d'application de la loi. Combien ne voit-on pas, en effet, de prévenus, au casier judiciaire chargé de quinze, vingt condamnations et même plus, qui échappent à la relégation parce qu'on ne peut relever contre eux, dans les dix ans, un nombre déterminé de jugements réunissant les conditions exigées pour faire prononcer la relégation! Dira-t-on que ce ne sont pas des malfaiteurs dangereux? C'est possible, mais ils peuvent le devenir. Et pourquoi ne le sont-ils pas? N'est-ce point d'eux que l'on peut dire qu'ils exercent une véritable industrie; qu'ils tirent profit de leur vice, et que, le plus souvent, ce sont des criminels restés impunis, parce que la justice n'a pu les atteindre. Il est notoire, aujourd'hui, que les mailles du filet sont tellement larges, que bon nombre de condamnés au casier lourd et varié passent au travers et échappent à la relégation. Peut-être eût-il été sage de décider que tout condamné qui, dans les dix ans, aurait subi un nombre

D. P. 87. 2. 197. — Cass., 25 juin 1886. B. 225. 1886, p. 372. — D. P. 86. 1. 352. — 13 mars 1886. D. P. 86. 1. 54. — 11 mars 1887. B. 102. 1887, p. 151. — D. P. 87. 1. 143. — 24 nov. 1887. B. 397, p. 626. — Jambois, p. 27. — Tournade, p. 40. — Berton, *Code*, p. 35. — *Contra* Bourges, 21 janv. 1886. — Orléans, 9 fév. 1886. — Paris, 8 avril 1886. D. P. 86. 2. 49 et s. — Garçon, p. 41. — Sarrut. D. P. Note. 86. 2. 49. — Le Poittevin, p. 56. — Gay, p. 126 et s.

déterminé de condamnations : dix, par exemple, ou même plus, serait soumis à la relégation, quel que fût le taux des peines subies. En outre, pareille disposition eût peut-être remédié à un inconvénient qui, fatalement, devait se produire. Que de tribunaux, connaissant les conséquences des condamnations à plus de trois mois, ne veulent pas dépasser ce taux, qui serait un danger pour l'avenir du condamné! Que de tribunaux s'arrêtent, plus par humanité que par esprit de justice, en deçà de ces limites! perpétrant ainsi l'abus, tant de fois signalé, des courtes peines. Eh bien! si un cinquième paragraphe eût été rédigé dans le sens que nous indiquons, il eût paré à cet inconvénient, et heureusement complété l'œuvre entreprise (¹).

ART. 5.

« Les condamnations qui auront fait l'objet de grâce, commutation ou réduction de peine, seront néanmoins comptées en vue de la relégation. Ne le seront pas, celles qui auront été effacées par la réhabilitation. »

Cette disposition de la loi nouvelle ne fait, au moins dans sa première partie, que consacrer les principes

---

(¹) Ces lignes étaient écrites au moment où paraissait au *Journal officiel* du 27 mars 1889, p. 1511 et s., le rapport de M. le conseiller d'État Dislère, président de la Commission de classement, sur les travaux de cette Commission pour l'année 1888. Or, nous avons la satisfaction de trouver comme conclusion de ce travail le passage suivant qui justifie notre opinion et nos craintes sur les effets de l'application de la loi. — « Tous les malfaiteurs d'ha- » bitude sont-ils frappés? Le texte de la loi, l'application qui en a été faite ne » permettent-ils point à un nombre relativement considérable d'échapper à » cette mesure de préservation sociale? Nous nous garderions d'affirmer le » contraire, mais la loi est perfectible; on peut la modifier de manière à » étendre son action, des mesures peuvent être prises pour diminuer le » nombre des individus qui, bien que relégables, échappent à la condam- » nation. »

admis. La grâce n'anéantit pas les condamnations ; elle n'a d'effet que sur l'exécution de la peine, qu'elle empêche ou fait cesser : ou bien le condamné est dispensé de la subir d'une manière complète, ou bien son châtiment est réduit ou commué en amende. Dans les trois hypothèses qui se présentent, et qu'a expressément visées le législateur, la condamnation devra compter en vue de la relégation.

Il ne faudrait point, au contraire, tenir compte d'une condamnation effacée par l'amnistie ou la revision.

L'amnistie jette un voile épais sur le passé, qui est censé n'avoir jamais existé. Une condamnation amnistiée n'est même plus un souvenir (¹).

Dans le cas où un jugement ou arrêt aurait été revisé, la solution ne saurait faire doute. Cette voie de recours n'est autre chose qu'un moyen de réparer une erreur judiciaire. Ses effets sont peut-être encore plus décisifs que ceux de l'amnistie. Celle-ci répute innocent un homme qui a été condamné, tandis que celle-là a pour but de faire déclarer innocent celui qu'une méprise avait fait déclarer coupable.

On aurait pu se demander, si le législateur n'avait eu soin de prévoir spécialement le cas, ce qu'il faudrait décider au sujet d'une condamnation suivie de réhabilitation. En déclarant qu'elle ne devra pas être comptée, il tranche une controverse dans le sens contraire à la majorité des auteurs et à la jurisprudence, et fait produire en droit à la réhabilitation des effets que l'on ne pouvait, sous l'empire du Code d'Instruction Criminelle (art. 619 et suiv.), raisonnablement lui attribuer. Sous l'empire de ces textes,

---

(¹) Cass., 23 oct. 1887. B. 360. 1887, p. 573.

en effet, la jurisprudence était d'avis qu'une condamnation suivie de réhabilitation pouvait être prise en considération en matière de récidive légale (1). Elle n'était donc point effacée dans le passé. En 1885, le législateur a, par suite, dérogé aux règles établies; mais il faut reconnaître que cette dérogation était conforme à la raison. Comme devait le faire remarquer plus tard au Sénat M. Bérenger, il y avait une lacune dans la législation. Que la réhabilitation fasse cesser les effets de l'arrêt de la justice et relève le condamné des déchéances qu'il a encourues, c'est un avantage positif et réel, mais au point de vue moral il était désirable que dans le passé il ne restât rien de cette tache qui déshonorait encore le réhabilité, il fallait que le casier judiciaire ne portât plus trace des antécédents. « Il faudrait n'avoir jamais pénétré dans une conscience » agitée par le regret de la faute commise, disait l'hono-» rable sénateur, pour contester que le mobile le plus » puissant comme le plus fréquent chez le condamné est » moins le désir de redevenir électeur ou juré que l'am-» bition passionnée de faire effacer la tache de sa vie et » d'obtenir de la puissance publique un titre qui annule » sa condamnation et lui restitue l'honneur. »

Au surplus cette dérogation aux principes admis n'a plus aujourd'hui raison d'être puisque la réhabilitation, depuis la loi du 14 août 1885, grâce aux efforts de M. Bérenger, a les effets les plus étendus, ainsi que nous l'avons fait remarquer plus haut.

---

(1) Cass., 25 juillet 1812. — 6 fév. 1823. — Dalloz, *Répert.*, v° *Peine*, n° 268. — Fernex de Montgex, *De la Récidive*. — Circul. minist. du 14 oct. 1885.

Art. 6.

« La relégation n'est pas applicable aux individus qui seront âgés de plus de soixante ans ou de moins de vingt et un ans à l'expiration de leur peine.

» Toutefois, les condamnations encourues par le mineur de vingt et un ans compteront en vue de la relégation s'il est, après avoir atteint cet âge, de nouveau condamné dans les conditions prévues par la présente loi. »

La règle posée par le législateur, inspirée par les mêmes idées qui ont dicté l'article 70 du Code Pénal et l'article 5 de la loi du 30 mai 1854, fixa comme cette dernière loi à soixante ans l'âge extrême auquel un condamné pourra être relégué ; de même que le mineur de vingt et un ans n'est pas assujetti aux peines de la mort ou des travaux forcés à perpétuité ou à temps, de même, d'après l'article 6 de la loi nouvelle, il ne saurait être relégué.

La formule posée par l'article 6 paraît simple, à première lecture ; cependant elle donne lieu à des difficultés d'application. Dans l'esprit du législateur, clairement révélé à la séance du 10 mars 1885 au Sénat, la relégation est encourue par le condamné qui, à l'expiration de sa peine, n'a pas atteint soixante ans ou est âgé de vingt et un ans.

Mais la peine peut être diminuée : par exemple, par l'effet de la loi du 5 juin 1875, article 4, qui réduit du quart le châtiment de celui qui l'aura, sur sa demande, subi en cellule ; le majeur de soixante ans qui n'a point été par le tribunal, à raison de son âge, condamné à la relégation, sera-t-il relégué ? De même le mineur qui avait été relégué par le tribunal, parce qu'à l'expiration du châtiment infligé il devait être majeur, ne le sera-t-il pas, parce que par suite de la diminution du quart, sa peine expire à un moment où il n'a pas vingt et un ans?

Nous pensons qu'il faut exécuter le jugement ou l'arrêt dans leur forme et teneur. Si la loi de 1875 réduit la peine par suite de l'aggravation résultant du régime cellulaire, il n'y a, en réalité, que diminution dans le temps, mais le châtiment reste le même quant à sa gravité; l'on ne saurait, par suite, tirer argument de cette transformation tout administrative pour modifier en l'aggravant ou en l'atténuant une condamnation qui a acquis l'autorité de la chose jugée (1).

La même solution s'impose dans le cas où la peine a été réduite par mesure gracieuse.

Ainsi que le fait très justement remarquer M. Berton, dans son Code, l'article 8 s'opposerait au système contraire. Cet article oblige le juge, qui par suite de l'âge du condamné ne peut prononcer la relégation, à y substituer l'interdiction de séjour. Or, un prévenu qui à l'expiration de sa peine devait avoir plus de soixante ans, a été condamné à l'interdiction de séjour, bénéficierait-il d'une réduction? Le jugement serait deux fois lacéré, d'abord parce qu'à raison de son âge, moins de soixante ans, on lui appliquerait la relégation qui n'a pas été prononcée; en second lieu, parce qu'il ne subirait pas l'interdiction de séjour dès lors infligée sans motif.

Les mêmes conséquences en sens contraire se produiraient en cas de minorité.

Quelque bizarres que puissent également paraître les effets d'un appel ou d'un pourvoi en la matière, nous

---

(1) Berton, *Code*, p. 107. — Le Poittevin, p. 4.

sommes d'avis qu'ils doivent être acceptés. Les vingt et un ans, les soixante ans peuvent, par suite de ces délais, se trouver accomplis avant l'expiration de la peine, alors que, s'il n'y eût pas eu d'appel ni de pourvoi, le mineur de vingt et un ans n'eût point été relégable tandis que le sexagénaire eût pu l'être.

La question est sans intérêt au criminel, relativement au mineur de vingt et un ans. Le paragraphe premier de l'article 4 lui étant applicable et le minimum de la peine étant de cinq années, même sans pourvoi, il sera toujours relégable. Dans le cas du paragraphe second de l'article 4, la solution est identique.

En admettant, en effet, la solution extrême, une condamnation criminelle prononcée le jour où il aura seize ans et un jour, le délai pour se pourvoir étant de trois jours, il aurait forcément, même en cas de non-pourvoi, plus de vingt et un ans à l'expiration des cinq ans, minimum de la peine. Et cette hypothèse est-elle encore inadmissible, car il faudrait supposer, ce qui n'est pas possible, une condamnation prononcée par les assises le jour ou le lendemain de l'infraction.

Quant au sexagénaire, le pourvoi lui sera toujours favorable, qu'il émane du ministère public ou de lui-même, si ses soixante ans expirent avant le rejet ou après cassation avant l'arrêt définitif. (Art. 23 C. P.)

En cas d'appel, le point de départ de l'exécution de la peine est reporté au jour de l'arrêt et par suite l'expiration retardée d'autant, s'il y a eu confirmation, sur appel du prévenu; l'expiration est seulement prorogée dans le cas où l'appel *a minima* du ministère public a été admis par la cour. Dans ces deux hypothèses, soit qu'il s'agisse d'un mineur, soit qu'il s'agisse d'un sexagénaire, la relégation doit ou non être appliquée, alors qu'en première instance les résultats eussent été inverses. (Art. 24 C. P.)

Ces conséquences peuvent paraître regrettables, car il va dépendre dans certains cas du ministère public, dans d'autres du prévenu, de faire appliquer ou non la relégation. Elles paraissent contraires au vœu du législateur qui a décrété la relégation obligatoire, et qui n'a point songé qu'il pourrait, dans certains cas, dépendre de la volonté des condamnés ou des magistrats du parquet de rendre ceux-là relégables.

Les magistrats du parquet auront, sans se placer au point de vue de l'appel, un pouvoir bien aussi étendu, quand ils poursuivront un individu relégable, mineur ou sexagénaire, auquel il ne manquera qu'une condamnation pour être susceptible de relégation. En avançant ou en retardant la poursuite de quelques jours, ils pourront arriver à ce résultat et à côté d'eux le tribunal ne pourra-t-il pas, à son gré, infliger ou non la relégation en prononçant un châtiment dont l'expiration sera postérieure ou antérieure à la majorité du condamné ou à ses soixante ans ?

Il était difficile d'éviter ces solutions, si singulières qu'elles paraissent à certains esprits; elles n'auront pas au point de vue pratique de conséquences bien fâcheuses, car elles seront très exceptionnelles, comme les hypothèses qu'elles résolvent. Il ne faut point oublier que le législateur statue *de eo quod plerumque fit,* et que ses décisions ne peuvent embrasser tous les cas qui se présentent.

Dans le cas où le sexagénaire, non soumis, à cause de son âge, à la relégation, aurait été mis en liberté provisoire avant d'atteindre ses soixante ans, par suite de l'admission d'un recours en grâce ou de l'application de l'article 4 de la loi du 5 juillet 1875, et aurait commis un nouveau délit, puni de telle sorte qu'à l'expiration de la peine, il pût être relégable, les soixante ans n'étant pas encore sonnés, il ne fait pas de doute qu'il tomberait sous le coup de notre loi. Ainsi, un homme de cinquante-sept ans est condamné à cinq ans de prison pour vol. Il n'est point relégué, parce qu'à l'expiration de sa peine il aurait plus de soixante ans. Il bénéficie de la mise en liberté provisoire, d'un recours en grâce ou de l'article 4 précité. Il commet un nouveau délit à cinquante-neuf ans; il est relégable et condamné à quatre mois de prison, cette peine expirant avant ses soixante ans. Sera-t-il relégué? Sans aucun doute. Mais, peut-on dire, s'il avait accompli sa peine de cinq ans de prison, il n'eût pas commis de nouvelle infraction. Pourquoi lui faire supporter les conséquences de cette liberté, qu'on a eu tort de lui rendre? La réponse est bien simple. Un pareil condamné a montré, par sa conduite, qu'il était peu reconnaissant des mesures de clémence dont il avait été l'objet; bien plus, en commettant un nouvel acte contraire aux lois, il révèle une fois de plus sa dangereuse nature (1).

Pas n'est besoin d'insister sur la seconde partie de l'article 6, qui dispose que les condamnations prononcées en minorité compteront au mineur devenu majeur. Et pourquoi n'auraient-elles pas compté? Dans la première partie de ce texte, il est dit que le mineur sera relégué si, à l'expiration de sa peine, il a plus de vingt et un ans. Donc, on compte les jugements intervenus contre lui pendant sa minorité! Et, si la dernière condamnation

---

(1) Berton, *Code,* p. 109. — Jambois, p. 76.

est prononcée alors qu'il est devenu majeur, on voudrait
ne pas tenir compte de celles encourues en minorité!
Cette seconde partie de l'article 6 ne jette aucun jour sur
la première, et était parfaitement inutile.

Art. 7.

« Les condamnés qui auront encouru la relégation resteront
soumis à toutes les obligations qui pourraient leur incomber en
vertu des lois sur le recrutement de l'armée. Un règlement
d'administration publique déterminera dans quelles conditions
ils accompliront ces obligations. »

Pour être déchu du service militaire, il faut avoir
encouru une peine afflictive et infamante ou deux ans de
prison avec interdiction de séjour (art. 7, L. 27 juillet 1872). Il est clair que bon nombre de relégués ne
tombaient point dans cette catégorie. Sur l'observation
du général Robert, qui fit, à juste raison, remarquer
que si les récidivistes, relégables de par la loi de 1872,
aptes au service, s'en trouvaient dispensés, il pourrait
bien se faire que beaucoup de malfaiteurs qui n'ont cure
de l'honneur de servir leur pays, s'efforceraient de commettre les infractions nécessaires pour être relégués;
triste prime accordée au délit. Le législateur ne l'a pas
voulu, et a décidé que les obligations qui leur seraient
imposées, au point de vue du service militaire, seraient
déterminées par un règlement d'administration publique.

Ce règlement a, en effet, été pris à la date du 26 novembre 1888 et promulgué au *Journal officiel* le 1er décembre. Il contient quatre articles : les deux premiers posent
certaines règles générales communes à tous; l'article 3
s'occupe des relégués individuels; l'article 4, des relégués
à titre collectif.

Aux termes de l'article 1, la situation du relégué, au point de vue militaire, est constatée préalablement à l'envoi à la Commission de classement du dossier destiné à éclairer cette Commission, à l'effet de savoir si le condamné peut bénéficier de la relégation individuelle.

« Il est procédé, dit le second paragraphe de l'ar-» ticle 1er, à leur inscription sur les listes de tirage au » sort et à leur examen par le Conseil de revision du » chef-lieu du département dans lequel ils subissent leur » peine. »

Cette disposition nous paraît peu pratique. Elle suppose vraisemblablement que le mineur subit un long châtiment qui permettra de l'inscrire sur les listes de tirage au sort; de passer ensuite, plusieurs mois après, devant le Conseil de revision, au chef-lieu du département. Il faudra alors le faire voyager. Et, si sa peine est terminée, il sera dans un établissement provisoire de dépôt. Il faudra le faire venir de loin, assurément! Il eût été préférable que, vu la situation exceptionnelle de ces conscrits, ils fussent examinés par un Conseil spécial de revision.

D'après l'article 2, les relégués appartiennent à la classe de recrutement déterminée par leur tirage au sort, et sont soumis à toutes les obligations qui incombent aux hommes de cette classe. Ils passent aux mêmes époques que ces derniers dans la réserve de l'armée active ou dans l'armée territoriale; leur temps de détention ou leur maintien en état de relégation ne retardera pas ces époques.

Les relégués sont portés sur un registre matricule comme affectés au département de la marine; ce département est chargé de faire connaître au ministre de la guerre leur situation au point de vue militaire.

Si la relégation vient à cesser par suite d'une grâce ou d'un jugement qui en relève le condamné ainsi que nous le verrons, celui-ci est mis à la disposition du ministre de la guerre.

L'article 3 fait connaître les obligations des relégués individuels. Ces obligations sont identiques à celles de tout citoyen français aux colonies, avec cette différence que le relégué est affecté au corps des disciplinaires coloniaux. Le ministre de la marine désigne les corps où ils sont envoyés.

L'article 4 décide qu'en temps de paix les relégués collectifs sont considérés comme des détenus et affranchis du service actif. En cas de mobilisation, ils restent à la disposition du ministre de la marine et des colonies, qui détermine les corps ou les services auxquels ils peuvent être affectés.

Il ne faut pas se dissimuler que c'est cet article 4 qui recevra l'application la plus étendue. Le relégué collectif forme la masse énorme des relégués. On compte les relégués individuels, de sorte que l'on peut se demander si les pouvoirs publics, en édictant cet article 4, ont bien répondu au vœu de la loi. L'article 7 avait pour but, suivant le général Robert, qui en avait fait la proposition, de soumettre les relégués au service militaire.

L'article 4 du décret du 26 novembre-1er décembre les en affranchit pour ainsi dire, au moins en temps de paix; pour quelques rares relégués individuels, certainement le général Robert n'eût point fait sa proposition de loi (1).

---

(1) Il résulte du rapport de M. le conseiller d'État Dislère, président de la Commission de classement (*Journal officiel* du 27 mars 1889), que depuis

ART. 8.

« Celui qui aurait encouru la relégation par application de l'article 4 de la présente loi, s'il n'avait pas dépassé soixante ans, sera, après l'expiration de sa peine, soumis à perpétuité à l'interdiction de séjour édictée par l'article 19 ci-après.—S'il est mineur de vingt et un ans, il sera, après l'expiration de sa peine, retenu dans une maison de correction jusqu'à sa majorité. »

Cet article substitue à la relégation pour les sexagénaires l'interdiction de séjour, pour les mineurs de vingt et un ans la détention correctionnelle. Il est inutile de faire remarquer, cela va de soi, qu'en la forme et au fond toutes les règles applicables à la relégation le sont à ces peines qui la remplacent. L'article 8 est conçu en termes suffisamment formels pour qu'aucun doute ne puisse s'élever.

La Cour de Cassation a déjà fait application de ces principes en décidant que les tribunaux et les cours sont obligés de prononcer la peine substituée à la relégation, dans le cas où, par leur âge, les condamnés ne seraient pas susceptibles d'être relégués. Le principe fondamental, l'obligation, étant avec raison, par la jurisprudence, reconnu à la peine substituée, toutes les autres règles lui sont donc applicables (1).

____

trois années 58 dossiers de relégués, que leur âge soumettait à la loi militaire, attendaient une solution lors de la promulgation du décret du 26 novembre 1888. Au 31 décembre 1888, la Commission n'avait pu statuer sur 39 cas, les pièces étant incomplètes. Sur 19 autres, trois relégués individuels seulement furent versés au corps des disciplinaires coloniaux, seize désignés pour la relégation collective. Ces résultats autorisent encore plus à se demander si le but de la loi est atteint!

(1) Cass., 3 mars 1887. B. 83. 1887, p. 125. — 25 mars 1887. B. 115. 1887, p. 177. — D. P. 87. 1. 414. — P. F. 87. 1. 391.

Une question qui ne s'est point encore posée en doctrine et que la pratique sans aucun doute ne manquera pas de révéler, est celle de savoir si l'interdiction de séjour prononcée contre le sexagénaire une première fois, devra l'être, s'il commet une nouvelle infraction qui le rende passible de la peine substituée. L'interdiction de séjour est générale et spéciale. L'interdiction générale est celle prévue par le règlement et s'applique à certaines villes ou localités déterminées où l'interdit ne pourra jamais aller sans commettre d'infraction. A côté de cette interdiction, il en est une autre, celle que l'on peut infliger administrativement et qui s'appliquera à des localités ou pays spécialement désignés. Si l'interdiction de séjour ne visait que les localités ou villes interdites à titre général, l'on pourrait dire qu'il est inutile lors d'une seconde poursuite de prononcer l'interdiction, puisque le jugement ferait double emploi avec la première décision. Et en fait, c'est ce qui se produira le plus souvent, les interdictions spéciales étant excessivement rares.

Il arrivera donc et l'expérience nous a prouvé que la chose était possible, puisque nous en avons été plusieurs fois témoin, qu'un sexagénaire déjà sous le coup de l'interdiction de séjour pourra être de nouveau poursuivi et susceptible encore de se voir interdire certains lieux. Il faudra nouvelle instruction, nouvelle condamnation, et comme l'interdiction de certains lieux spéciaux est, en somme, exceptionnelle, on accumulera sur la tête de ce vieillard plusieurs fois la même peine et les tribunaux ne pourront faire autrement, l'interdiction étant obligatoire. Mais, admettons que l'administration use de son droit, qu'elle interdise certains lieux spéciaux; pour peu que ce condamné voyage, à un moment donné, ce seront des provinces entières, ce pourra être toute la France qui lui sera interdite. Ce résultat à coup sûr sera rare, mais il n'est pas impossible.

Art. 9.

« Les condamnations encourues antérieurement à la promulgation de la présente loi seront comptées en vue de la relégation, conformément aux précédentes dispositions. Néanmoins, tout individu qui aura encouru avant cette époque des condamnations pouvant entraîner dès maintenant la relégation, n'y sera soumis qu'en cas de condamnation nouvelle dans les conditions ci-dessus prescrites. »

Un des principes généraux et fondamentaux de notre droit français, surtout en matière pénale, lorsque la nouvelle loi contient des dispositions qui aggravent la situation d'un prévenu, est la non-rétroactivité. Le législateur posant les assises du monument qu'il édifiait, a écrit, dans l'article 2 du Code Civil, que les lois n'ont d'effet que dans l'avenir et non dans le passé. Il est des exceptions à cette règle, et l'article 9 dans une certaine mesure en contient une qui, contrairement aux usages consacrés, est applicable au prévenu, bien qu'elle soit de nature à aggraver sa situation.

Les condamnations antérieures compteront en vue de la relégation. Il est facile de comprendre le motif de cette mesure; préoccupé surtout d'agir préventivement, d'écarter un danger de plus en plus menaçant, le législateur de 1885 devait édicter une loi dont les effets pussent être immédiatement réalisés; il ne voulut point attendre pour l'application de la loi qu'il promulguait, qu'à partir de la promulgation même les récidivistes encourussent les condamnations nécessaires pour les rendre relégables; il prescrivit que les antécédents seraient pris en considération, sous certaines conditions cependant (¹).

Il faut, en effet, pour être relégué en vertu des condamnations antérieures, que le récidiviste en encoure une nouvelle.

Il faut, en second lieu, que cette nouvelle condamnation soit au nombre de celles qui sont spécifiées à l'article 4.

Il faut une condamnation nouvelle. Il eût été souverainement injuste et en même temps contraire aux principes de frapper de droit ceux qui se trouvaient en état d'être relégués.

C'eût été la non-rétroactivité dans toute sa force. Au surplus, en pratique, il eût été bien difficile de mettre la main sur ceux qui étaient relégables. Et puis, n'était-ce pas aller à l'encontre même du texte de la nouvelle loi, qui exige que les tribunaux se rendent compte d'une manière exacte des condamnations encourues et prononcent expressément la peine?

Il faut une condamnation nouvelle.

Mais dans quelles conditions cette condamnation nouvelle doit-elle intervenir et quelle doit être sa nature? L'article 9 semble le dire lorsqu'il réclame *une condamnation nouvelle dans les conditions ci-dessus prescrites*, ce qui signifie sans aucun doute que la condamnation nouvelle doit rentrer dans l'énumération de celles prévues au § 4 (²).

Mais une condamnation quelconque peut-elle rendre un condamné relégable? Ainsi, voici un homme qui a subi

---

(¹) Cass., 27 sept. 1888. B. 1888. 296, p. 465.
(²) Cass., 15 mai 1886. B. 184. 1886, p. 297.

deux condamnations criminelles (§ 1, art. 4), il est condamné postérieurement à la loi de 1885 pour l'un des délits spécifiés au § 4 par exemple, à moins de trois mois pour l'une des causes indiquées au § 2. Sera-t-il relégable ? Non, a répondu la Cour de Cassation. D'après la Cour Suprême, il faut que la condamnation nouvelle puisse par son *quantum* et sa gravité être elle-même susceptible d'être comptée et de compléter l'un des quatre groupes du § 4. « Il faut entendre, dit-elle (arrêt du 13 mars 1886), une des condamnations qui, à raison de la nature du fait qui la motive et de l'importance de la pénalité qui la réprime, figurent dans celle des catégories légales à laquelle le prévenu se rattache par ses antécédents (1). »

Quoique cette solution, au premier abord, puisse paraître étrange et contraire au vœu du législateur qui se préoccupait surtout de parer à un danger, et voulait rendre relégables après condamnation nouvelle ceux qui auraient les antécédents suffisants, nous pensons néanmoins qu'elle est à l'abri de toute critique. Il faut bien se rappeler qu'une exception a été faite au principe de la non-rétroactivité des lois. Or on ne saurait la généraliser. Elle n'a lieu, dit la loi, que lorsque la condamnation intervient *dans les conditions ci-dessus prescrites*. Quelles sont ces conditions ? Celles prévues par l'article 4. Or, si on prononçait la rélégation en vertu d'une condamnation impuissante par elle-même à parfaire l'une des catégories prévues par la loi, on ne ferait autre chose que créer une

---

(1) Cass., 13 mars 1886. B. 109. 1886, p. 179. — D. P. 1886. 1. 138. — P. F. 1886. 1. 105. — 16 avril 1886. B. 153. 1886, p. 249. — D. P. 1886. 1. 227. — P. F. 1886. 1. 141. — 22 avril 1886. B. 163. 1886, p. 263. — P. F. 1886. 1. 272. — 24 juin 1887. B. 245. 1887, p. 335. — Le Poittevin, p. 13. — Jambois, p. 68. — Tournade, p. 56. — Berton, *Code,* nos 331 et s., p. 120.

cinquième série à ajouter aux quatre prévues ; en réalité, on reléguerait en vertu des antécédents auxquels le jugement nouveau n'aurait rien ajouté : si le législateur avait ainsi voulu étendre l'exception au principe de la non-rétroactivité des lois, il eût dit : Les condamnations encourues compteront en vue de la relégation, pourvu que le condamné subisse une quelconque de celles prévues par le § 4. Telle n'a point été la forme impérative adoptée ; il demande que la condamnation nouvelle soit encourue dans les conditions prescrites, il faudra par suite qu'elle puisse utilement être ajoutée à l'un des groupes de l'article 4.

La condamnation nouvelle est prononcée à raison d'un fait antérieur à la promulgation de la loi ; doit-elle être prise en considération ? En d'autres termes, d'après l'article 9, doit-on tenir compte du jour de la condamnation ou du jour du délit ?

Nous avons vu plus haut que pour calculer la période décennale, malgré la lettre de la loi, il fallait tenir compte du jour du délit, et non de celui de la condamnation. C'est le délit qui révèle la perversité, dont la peine est la sanction. Celui qui commet une infraction est censé avoir apprécié la peine qu'il encourait, et il n'a commis le fait délictueux que parce qu'il a, toute balance faite, estimé que la sanction pénale n'était pas aussi redoutable et aussi préjudiciable que n'était puissant l'attrait du crime et l'avantage qu'il en retire. Que s'il avait su qu'une peine sévère, non encore promulguée, lui devait être plus tard appliquée, peut-être la crainte d'un mal plus grand l'eût-elle arrêté dans ses projets ? C'est donc le jour du délit qu'il faut envisager pour savoir si la condamnation nouvelle qui intervient doit entraîner la relégation. La Cour de Cassation s'est prononcée en ce sens avec la majeure partie des auteurs.

Mais à quelle date la loi est-elle devenue exécutoire? Est-ce le lendemain de sa promulgation, le 28 mai 1885? Oui, pour certaines de ses dispositions, ainsi que nous aurons l'occasion de le voir; mais, en ce qui concerne les dispositions générales relatives à la relégation, l'article 21 décide qu'elle ne sera exécutoire qu'après la promulgation du règlement d'administration publique, prévu par l'article 18. La loi a été promulguée, mais l'exécution a été retardée à une date ultérieure, qui ne pouvait dépasser six mois. Le règlement d'administration publique est du 26 novembre; il a été promulgué le 27. C'est donc à partir de cette date que les faits nouveaux pouvaient donner naissance à une condamnation susceptible de faire prononcer la relégation (1).

Il est donc utile de préciser d'une façon minutieuse la date du délit qui motive la condamnation nouvelle.

Au point de vue correctionnel, cette précision sera actuellement sans intérêt; car, en indiquant que le fait a été commis depuis moins de trois ans, on remontera à une date postérieure à la promulgation; mais, au point de vue criminel, l'utilité de la précision se fera sentir encore quelques années. Et un arrêt qui se bornerait à indiquer que le crime a été commis depuis moins de dix ans, ne serait pas suffisamment précis dans ses

---

(1) Cass., 24 déc. 1885. B. 368. 1885, p. 582. — 11 fév. 1886. B. 49. 1886, p. 74. — 25 fév. 1886. B. 71. 1886, p. 112. — P. F. 1886. 1. 110. — D. P. 1886. 1. 228. — 25 mars 1886. B. 123. 1886, p. 199. — P. F. 1886. 1. 145. — 8 avril 1886. B. 146. 1886, p. 233. — P. F. 1886. 1. 109. — 7 mai 1886. B. 166. 1886, p. 268. — 20 mai 1886. B. 186. 1886, p. 301. — 4 nov. 1886. B. 368. 1886, p. 605. — 30 avril 1887. B. 164. 1887, p. 249. — 22 sept. 1887. B. 342. 1887, p. 547. — Berton, *Code*, p. 116. — Le Poittevin, p. 15. — *Contra* Garçon, p. 59.

motifs, le crime pouvant avoir été commis antérieurement au 27 novembre 1885, à une époque où il ne
saurait être pris en considération (¹).

Art. 10.

« Le jugement ou l'arrêt prononcera la relégation en même
temps que la peine principale; il visera expressément les condamnations antérieures par suite desquelles elle sera applicable. »

L'article 10 vise uniquement une forme de la procédure. Le jugement ou arrêt prononce la relégation en
même temps que la peine principale. Il faut donc que la
peine accessoire soit prononcée; elle n'est pas encourue
de plein droit, comme l'avait dit M. Gerville-Réache,
dans un de ses rapports à la Chambre. C'est d'ailleurs
conforme aux principes du droit : la peine accessoire
doit être prononcée par la même décision que la peine
principale.

Le jury ne saurait être saisi de la question de savoir
s'il y a lieu à relégation. Il s'agit, en effet, de l'application de la peine. Or, les juges ne statuent qu'en fait
(art. 344, Cod. Inst. Cr.). Seule la cour, en prononçant
la peine principale, statue, s'il y a lieu, sur la relégation
comme elle prononcerait toute peine accessoire.

Que décider, si le juge a omis de prononcer la relégation? La solution est fort simple : ou il y a appel du
prévenu, et alors sa situation ne saurait s'aggraver et la
relégation être prononcée, ou il y a appel du ministère
public, et il n'est pas douteux que les juges d'appel

(¹) Cass., 25 fév. 1886. B. 68. 1886, p. 108. — D. P. 1886. 1. 228. — P. D.
1886. 1. 110. — 15 sept. 1887. B. 341. 1887, p. 545. — 25 mars 1886. D. P.
1886. 1. 229. — P. D. 1886. 1. 144.

puissent l'appliquer. — Dans le cas où le jugement aurait acquis l'autorité de la chose jugée, c'en serait fait de la relégation; elle ne pourrait plus être infligée.

Même solution, dans le cas où l'omission proviendrait du fait du condamné qui aurait trompé sur son identité, et dont les antécédents l'eussent rendu relégable. Il ne pourrait être repris même par la décision rectificative, celle-ci ne venant point détruire la première, mais tendant uniquement à établir qu'une décision avait, par erreur, frappé A... alors qu'elle eût dû s'appliquer à B... Définitive elle était, définitive elle reste.

Mais ce condamné auquel la relégation n'a pas été appliquée, est repris. De deux choses l'une : ou il est poursuivi pour faits spécifiés s'appliquant au § 4 de l'article 4 applicable, et on le réléguera, ou il est poursuivi pour fait non spécifié ou n'appartenant pas au groupe qui lui est applicable. Que fera-t-on? Prononcera-t-on contre lui la relégation? Je ne le pense pas, et l'objection tirée de l'article 9 me paraît irrésistible. La situation de ce condamné est identiquement analogue à celle de celui qui, dans la période transitoire, se trouve être en état d'être relégué. Pour qu'il puisse l'être, dit l'article 9, il faut qu'il subisse une nouvelle condamnation dans les conditions prescrites. On ne peut dire, il est vrai, que si on prononçait dans ce cas la relégation, on créerait un cinquième cas de relégabilité, comme on l'objectait sous l'article 9; mais on violerait singulièrement l'autorité de la chose jugée, puisqu'on ferait produire des effets à une décision antérieure incomplète, mais inattaquable, sous prétexte de réparer une erreur ou une omission. D'autre part, l'on méconnaîtrait l'un des principes fondamentaux de notre droit pénal, aux termes duquel un jugement,

devenu irrévocable, ne peut, à un moment donné, en cas
d'erreur ou d'omission, produire des conséquences plus
rigoureuses que celles qu'il aurait entraînées, lorsqu'il
est devenu définitif (¹).

Les condamnations antérieures doivent être visées
expressément.

Il ne suffit pas de dire dans une décision que le condamné se trouve dans l'un des cas de l'article 4 pour le
condamner (²). Une pareille décision serait cassée comme
dénuée de motifs par application de l'article 7 de la loi
du 20 avril 1810. Il faut une à une préciser par la date,
la nature du délit, sa cause, la durée de la peine et la
juridiction qui a statué, les diverses condamnations encourues. Est sujet à cassation le jugement ou l'arrêt qui se
trouve incomplet sur un quelconque de ces points. La
Cour Suprême l'a jugé dans une multitude d'espèces (³).

Comment doivent être constatées les condamnations qui
sont visées?

Suffira-t-il d'indiquer qu'elles sont portées au casier
judiciaire dont un extrait a été joint à la procédure? La
Cour de Cassation a jugé que pareille constatation serait
insuffisante et avec raison. Les extraits du casier judiciaire
n'ont point le caractère de documents authentiques. Ce
sont de simples feuilles de renseignement délivrées par
le greffier et certifiées par le procureur de la république
de l'arrondissement. Ils sont établis à l'aide d'extraits, qui

---

(¹) Paris, 1ᵉʳ février 1887. D. P. 1887. 2. 197.
(²) Cass., 18 mars 1886. B. 118. 1886, p. 192. — D. P. 1886. 1. 139. — P. F.
1886. 1. 112. — 22 avril 1886. B. 161. 1886, p. 260. — 23 juillet 1886. B. 268.
1886, p. 446.
(³) Cass., 25 mars 1836. B. 124. 1886, p. 202. — P. F. 1886. 1. 144. — 4 fév.
1887. B. 43. 1887, p. 63. — D. P. 1887. 1. 235. — 11 mars 1887. B. 101. 1887,
p. 150. — D. P. 1887. 1. 413. — 22 avril 1887. B. 151. 1887, p. 230. — D. P.

eux non plus ne sont point authentiques. Dans ces conditions, les énonciations qu'ils contiennent ne sauraient faire foi : il faut donc autre chose. L'aveu du prévenu mis en demeure de reconnaître les condamnations encourues, la production des expéditions des décisions dans le cas de dénégation du condamné, voilà les documents à l'aide desquels les cours et tribunaux doivent établir les condamnations qu'ils ont expressément et minutieusement visées. Car l'aveu et la production de ces pièces ne sauraient dispenser les magistrats de mentionner, ainsi que nous l'avons dit plus haut, les condamnations entraînant la r e légation (1).

Ainsi qu'il résulte également des arrêts cités et notamment de ceux des 4 février et 24 mars, 9 et 16 juin et 22 décembre 1887, il ne suffit pas d'énoncer les condamnations, il faut expressément faire connaître à l'aide de quels documents elles sont établies. De même que la Cour de Cassation, pour vérifier l'application faite de la loi, doit connaître les dates des condamnations, leur cause, leur

---

1887. 1. 237. — P. F. 1887. 1. 272. — 5 mai 1887. B. 166. 1887, p. 253. — D. P. 1887. 1. 415. — 5 mai 1887. B. 168. 1887, p. 255. — 13 mai 1887. B. 188. 1887, p. 284. — 16 juin 1887. B. 122. 1887, p. 350. — 24 juin 1887. B. 241. 1887, p. 378. — 30 juin 1887. B. 246. 1887, p. 386. — 7 juillet 1887. B. 258. 1887, p. 405. — 7 juillet 1887. B. 261. 1887, p. 410. — 8 juillet 1887. B. 264. 1887, p. 416. — 12 août 1887. B. 317. 1887, p. 511. — 13 janv. 1888. B. 24. 1888, p. 36. — 6 sept. 1888. B. 290. 1888, p. 456.

(1) Cass., 10 juillet 1886. B. 251. 1886, p. 413. — D. P. 1886. 1. 479. — P. F. 1886. 1. 194. — 4 fév. 1887. B. 41. 1887, p. 58. — D. P. 1887. 1. 235. — 4 fév. 1887. B. 47. 1887, p. 68. — D. P. 1887. 1. 415. — 17 fév. 1887. B. 61. 1887, p. 90. — 3 mars 1887. B. 84. 1887, p. 126. — 24 mars 1887. B. 114. 1887, p. 176. — D. P. 1887. 1. 236. — 5 mai 1887. B. 170. 1887, p. 258. — D. P. 1887. 1. 414. — P. F. 1887. 1. 396. — 9 juin 1887. B. 211. 1887, p. 333. — 10 juin 1887. B. 215. 1887, p. 339. — 16 juin 1887. B. 222. 1887, p. 350. — 7 juillet 1887. B. 258. 1887, p. 405. — 12 août 1887. B. 317. 1887, p. 511. — 17 nov. 1887. B. 390. 1887, p. 615. — 22 déc. 1887. B. 438. 1887, p. 692. — 5 janv. 1888. B. 1. 1888, p. 1. — 23 fév. 1888. B. 76. 1888, p. 126. — 4 mai 1888. B. 164. 1888, p. 261.

nature, leur durée, leur taux ainsi que la juridiction qui a statué, de même aussi elle doit être mise en mesure d'apprécier si les documents sur lesquels les tribunaux se sont appuyés peuvent faire foi. Enfin l'arrêt doit énoncer, à peine de nullité, que les condamnations qu'il vise ont été prononcées dans la période décennale (¹).

Ce ne sont pas seulement les condamnations spécifiées pour faire prononcer la relégation que les tribunaux et cours doivent mentionner dans leurs décisions. Il faut encore qu'ils indiquent avec précision celles qui, quoique étrangères à la loi de 1885 et ne rentrant pas dans l'énumération de l'art. 4, sont de nature à proroger la période décennale (²).

Quoique la Cour de Cassation n'ait point encore statué sur la question, il paraît certain que, si la durée d'une condamnation a été modifiée par suite d'un événement quelconque, il faudra que les tribunaux l'énoncent expressément. Pour établir le fait, il ne faudra point se contenter de l'aveu ou de la déclaration du prévenu ; on devra exiger la production de pièces établissant que la peine a subi une diminution dans sa durée, par suite de recours en grâce, libération conditionnelle, etc.

Art. 11.

« Lorsqu'une poursuite devant un tribunal correctionnel sera de nature à entraîner l'application de la récidive, il ne pourra jamais

---

(¹) Cass., 19 déc. 1887. B. 351. 1887, p. 713.

(²) Cass., 23 mai 1886. B. 195. 1886, p. 316. — D. P. 1886. 1. 230. — 10 juillet 1886. B. 251. 1886, p. 413. — D. P. 1886. 1. 479. — P. F. 1886. 1. 194. — 10 juillet 1886. B. 254. 1886, p. 418. — D. P. 1886. 1. 49. — P. F. 1886. 1. 193. — 26 août 1886. B. 310. 1886, p. 516. — 26 août 1886. B. 311. 1886, p. 518. — 2 sept. 1886. B. 314. 1886, p. 524. — 9 sept. 1886. B. 321. 1886, p. 534. — 19 fév. 1887. B. 66. 1887, p. 97. — 10 juin 1887. B. 216. 1887, p. 340.

être procédé dans les formes édictées par la loi du 20 mai 1863 sur les flagrants délits. Un défenseur sera nommé d'office au prévenu, à peine de nullité. »

Cette disposition a été proposée par M. Jullien, qui en a exposé les motifs dans les termes suivants : « La loi du 20 mai 1863 (D. P. 63. 4. 109) dispose que l'individu » accusé d'un délit peut être déféré par le procureur de la » république, le jour même, s'il a été arrêté en flagrant » délit, au tribunal correctionnel. Vous voyez, Messieurs, » les conséquences. Un homme menacé d'une peine » définitive, perpétuelle, obligatoire, conséquence de » condamnations remontant à une époque éloignée, qui » nécessiteraient des recherches longues et difficiles dans » son passé, pourra se voir, s'il plaît au procureur de la » république, accorder vingt-quatre heures pour se pré- » parer. Ajoutons que la peine pourra être prononcée » sans que l'accusé ait pu conférer avec un défenseur, » car la défense d'office n'est pas organisée, en matière » correctionnelle, comme en matière criminelle, et il » faut demander un avocat pour l'obtenir. Enfin je n'ap- » prendrai rien à la Chambre, en lui disant que la majeure » partie des gens poursuivis en matière de vagabondage » et de mendicité n'ont ni la connaissance des lois, ni les » moyens de se pourvoir d'un conseil. J'ai déjà démontré » qu'on pourrait ne pas leur en laisser le temps. » M. Jullien cite les articles 1, 2, 4, de la loi de 1863 et reprend. « La loi, même dans sa partie la plus favorable, » place l'accusé en présence ou plutôt à la disposition de » l'arbitraire des magistrats, que vous redoutiez si fort » quand il s'agissait de lui livrer l'appréciation des faits. » Admettons que le vagabond ou le mendiant d'habitude » connaisse la loi et exprime au tribunal le désir d'obtenir

» un délai : le président du tribunal pourra lui accorder
» trois jours au minimum. Comme rien ne le force d'en
» accorder davantage, ce sera ce délai minimum qui sera
» presque toujours fixé. Et toutes les conséquences que
» j'ai indiquées en commençant, se produiront et vien-
» dront porter l'atteinte la plus grave au droit de défense.
» Je crois en avoir dit assez, Messieurs, pour justifier ma
» double prétention qui consiste à vous demander : 1° de
» suspendre, quand il s'agit de cette pénalité si grave,
» la relégation perpétuelle, la procédure en matière de
» flagrant délit ; 2° de vouloir bien donner à l'accusé un
» avocat d'office. Cette fois, vous le reconnaîtrez, l'exigence
» est bien modeste, et cependant l'intérêt est considérable.
» Le droit de défense lui-même est en jeu, et, j'en suis
» sûr, la commission reconnaîtra que, dans son projet, il
» s'est glissé sur ce point un véritable oubli qu'elle sera
» heureuse de combler avec nous. »

L'amendement, renvoyé à la Commission, fut adopté. Le
Sénat ne fit non plus aucune objection, et M. de Verninac,
rapporteur à la Chambre Haute, faisait cette étrange précision que, si dans une poursuite se trouvent plusieurs
inculpés dont les uns sont relégables et point les autres,
il n'y aura pas lieu de soumettre à une instruction ces derniers. On disjoindra et on ne saisira le juge instructeur
que de la poursuite dirigée contre ceux susceptibles de
relégation. Quoique le conseil émane d'un membre de la
Commission du Sénat, il faut espérer, dans l'intérêt même
de la justice, qu'on ne disjoindra point deux poursuites
essentiellement connexes : que l'on poursuive deux coau-
teurs ou un auteur et un complice, que l'un soit jugé
sous forme de flagrant délit et l'autre mis à l'instruction
pour comparaître forcément à une autre audience, on

voit d'ici les inconvénients sans qu'il soit besoin d'y insister davantage. Le Sénat voulait donc, autant que possible, restreindre la prohibition de l'art. 11.

La Chambre, plus prompte à s'impressionner qu'à réfléchir, adopta sans discussion l'amendement, d'ailleurs accepté par la Commission, qu'avait présenté M. Jullien. Ce droit primordial de la défense, qu'à l'appui de sa proposition invoquait son auteur, au nom et dans l'intérêt du récidiviste, on allait peut-être y porter atteinte : cela suffisait pour convaincre les députés de l'excellence d'un amendement qui préviendrait la violation d'un droit sacré. Suspicion à l'endroit des parquets, qui, dans les vingt-quatre heures pourraient requérir une peine perpétuelle, sans examen et sans contrôle; suspicion à l'endroit des magistrats du siège, qui se garderaient bien d'accorder plus de trois jours à un prévenu pour se défendre, voilà en somme ce que consacrait la disposition introduite dans la loi sous l'art. 11; M. Jullien, lui-même, par un excès de déférence pour le principe du droit de défense, le laissait clairement entendre. La Chambre, sans se demander s'il était dans le vrai, sans rechercher si cet article n'allait pas, par ses conséquences pratiques, rencontrer des obstacles et heurter les règles du Code Pénal, le vota avec enthousiasme.

Il n'est pas douteux que si les cours avaient été consultées au sujet de cette loi, l'article 11 est l'une des parties qui ne s'y trouverait point. Il est né d'un mouvement de générosité et d'éloquence; mais, au fond, l'ostracisme dont il frappe la loi de 1863, sur les flagrants délits, en matière de relégation, n'est ni justifié, ni justifiable : il crée les difficultés les plus sérieuses, difficultés qui ne recevront peut-être aucune solution vraiment satisfaisante.

Au nom du droit de défense, la loi de 1863 ne saurait être appliquée lorsqu'il s'agit de poursuivre un prévenu relégable ! Au nom du droit de défense, un avocat devra être nommé d'office ! Peut-être en écrivant ce texte, le législateur tenait-il à témoigner de l'imperfection de son œuvre, si obscure parfois qu'il faudrait de longs jours pour rechercher si son application était possible et un avocat d'office pour éclairer les magistrats en cas d'hésitation.

Dans son ardeur de bien faire, quelque sollicitude qu'il pût avoir pour les récidivistes, M. Jullien a été trop loin. Il ne fallait pas ériger en principe que les parquets qui, même sans attendre vingt-quatre heures, immédiatement, peuvent traduire les prévenus arrêtés en flagrant délit à la barre du tribunal, auraient requis à la légère, et sans renseignement, la peine de la relégation. L'on ne procède point ainsi, et un prévenu n'est jamais jugé sans que les renseignements du casier judiciaire soient parvenus, par dépêche ou autrement. Que si la peine de la relégation eût été possible, ce n'est pas un renvoi de trois jours qui eût été demandé, mais bien huitaine ou plus : les magistrats peuvent accorder trois jours, dit M. Jullien, ils n'en accorderont pas plus. Et pourquoi donc ? Est-ce qu'un prévenu qui solliciterait un délai plus long pour se défendre ne l'obtiendrait pas ? Et si l'affaire n'était pas en état, le tribunal impitoyable jugerait quand même sous trois jours ! Ce ne sont véritablement point des raisons sérieuses. Et puis, si l'on a été un peu vite en première instance, si la célérité de la procédure a été cause qu'une erreur a été commise, la cour n'est-elle point là, derrière le tribunal ? N'est-ce point une garantie ? Une garantie qui a jusqu'ici toujours paru suffisante ?

Avant d'entreprendre l'examen des questions que soulève ce texte, qu'il nous soit permis de relever les inconvénients qu'il vient mettre en lumière encore plus vive, et qui vont résulter de la loi du 20 mai 1863, quoi-qu'elle ne soit point applicable.

Cette loi autorise les parquets, en cas de délits flagrants, à mettre les prévenus sous mandat de dépôt durant vingt-quatre heures. A l'expiration de ce délai, le tribunal, en dehors de ses jours d'audience ou de ses audiences correc-tionnelles, doit être réuni d'urgence et saisi de l'affaire. Si les renseignements sont complets, le prévenu est tra-duit à la barre, sinon le mandat de dépôt est confirmé et l'affaire renvoyée à une audience ultérieure. En prati-que, il n'est jamais procédé, et il est matériellement impossible qu'il soit ainsi procédé. D'abord, il n'est pas d'exemple de convocation d'office des magistrats en audience extraordinaire: pareille réunion, dans les arron-dissements surtout, serait la plupart du temps impos-sible. Et le mandat de dépôt du ministère public valable vingt-quatre heures, que devient-il alors? Ou bien les procureurs de la république excèdent leurs pouvoirs, en décernant des mandats valables pour plus de vingt-quatre heures, quelquefois cinq ou six jours! ou bien, pour conserver leur droit, recourent-ils à une de ces sub-tilités prétoriennes qui n'ont rien que de très illégal! Au lieu de mettre un prévenu qui leur est amené plus de vingt-quatre heures avant l'audience correctionnelle, sous mandat de dépôt, ils délivrent un billet d'écrou, un ordre d'incarcération, transformé à son heure en mandat de de dépôt.

Avec l'article 11, qui prohibe la procédure des flagrants délits, cette pratique va forcément se généraliser: n'exis-

terait-elle pas qu'elle deviendrait inévitable. D'abord, il ne
faut plus penser, sauf dans quelques cas exceptionnels,
quand les prévenus sont originaires de l'arrondissement,
à les traduire immédiatement à la barre. Les renseignements n'ont pu arriver d'une façon précise, un télégramme
étant absolument insuffisant pour établir l'état de relégabilité. Il faut donc nécessairement les mettre sous écrou.
Le procureur de la république voulut-il se conformer à la
loi de 1863, ne peut décerner de mandat de dépôt, il doit
attendre les renseignements nécessaires pour établir leur
état de relégabilité et, dans ce cas, les soumettre à une instruction régulière. Qu'arriverait-il, en effet, si les prévenus
étaient placés sous mandat de dépôt? Si les renseignements arrivent dans les vingt-quatre heures, ce qui n'est
guère admissible, et que la relégation puisse être applicable, le procureur de la république donne mainlevée de
son mandat de dépôt et saisit le juge d'instruction. Si les
renseignements n'ont pu arriver, que le mandat ait été
confirmé, le tribunal ne peut prononcer la relégation,
puisque la procédure du flagrant délit a été suivie; il
annule ce qui a été fait jusqu'au mandat et renvoie le
ministère public à se pourvoir. Mais nous verrons, cependant, que, suivant nous, cette annulation ne saurait être
prononcée que sur la demande du prévenu. Nous ne nous
dissimulons pas que notre système pourra ne pas être
suivi. Aussi les inconvénients signalés demeurent-ils avec
toute leur force, avec la théorie actuellement admise sur
le caractère de la nullité prévue par l'article 11.

Il est facile de se convaincre, par ce qui vient d'être dit,
que les magistrats des parquets se trouvent obligés, pour
vêtir au besoin l'article 11, de procéder presque toujours
irrégulièrement, en délivrant des ordres d'écrou; que la

procédure rapide et économique du flagrant délit est, à cause des conséquences qu'elle peut produire, notoirement délaissée; qu'enfin la nécessité d'une instruction préalable augmente à la fois les frais de justice et la prison préventive, dans bien des cas où la relégation ne sera pas possible. A ce triple point de vue, l'article 11 n'est pas une disposition heureuse. Pour assurer aux plus dangereux des malfaiteurs des garanties qui ne leur eussent point fait défaut, on a échafaudé un texte de loi qui, outre les inconvénients que nous avons indiqués, en peut avoir d'autrement graves au point de vue juridique.

Et d'abord, on s'est demandé si l'interdiction de la procédure du flagrant délit était, comme la nomination d'un défenseur d'office, prescrite à peine de nullité. L'hésitation a pu venir de ce que, dans le § 2 seulement, et non dans le § 1, sont inscrits les mots : *à peine de nullité!* Il paraît difficile de ne point admettre que la violation du § 1 de l'article 11 entraîne une nullité, comme la violation du § 2. Que les mots ne soient point inscrits au § 1, qu'importe si des termes mêmes de ce paragraphe on peut l'induire. Les nullités ne résultent point, en effet, de termes consacrés : s'il en était ainsi, combien faudrait-il en rayer de nos Codes? Pourvu que le sens des expressions employées ne laisse aucun doute, peu importe les mots : c'est leur valeur et non leur consonance que l'on doit envisager. Or, qui pourra jamais soutenir que, lorsqu'il est dit dans un texte *qu'il ne pourra jamais être procédé...* il n'y a pas là une formalité prescrite à peine de nullité? Cette nullité provient du § 1 lui-même et non du § 2. Ce dernier n'a point sur la première partie de l'article 11 une puissance rétrospective; chacune en soi se suffit, et chacune en soi édicte une condition imposée à peine de nullité.

La question, portée devant les cours, n'a point été autrement tranchée. Le Tribunal de Gannat, il est vrai, a bien pris un biais pour éviter la nullité, mais il n'a pas eu d'imitateurs. La procédure des flagrants délits avait été suivie contre un relégable. Le Tribunal, saisi de l'affaire, confirme le mandat de dépôt et autorise le procureur de la république à citer à trois jours francs à une audience ultérieure. Ainsi fut fait et la relégation prononcée. La Cour de Riom annula cette décision doublement vicieuse, et parce que la procédure proscrite en la matière avait été suivie, et parce que le tribunal une fois saisi, il n'est pas besoin d'une citation pour amener devant lui un prévenu, cette citation étant, d'ailleurs, impuissante à changer le caractère de la poursuite initiale. Or, il est incontestable que la confirmation du mandat saisit le tribunal et qu'une citation ultérieure est de la superfétation en admettant qu'elle ne devienne pas irrégulière elle-même (¹).

Les nullités étant de droit étroit, aussi bien en procédure criminelle qu'en matière civile, il faudra décider qu'une poursuite sur citation directe, ou à la requête d'une partie civile, ne sera pas nulle dans le cas où le cité sera susceptible de relégation. Quelque étrange que

---

(¹) Riom, 17 fév. 1886. D. P. 1886. 2. 147. — Cass., 10 juin 1886. B. 208. 1886, p. 340. — D. P. 1886. 1. 352. — P. F. 1886. 1. 143. — 2 juillet 1886. B. 235. 1886, p. 387. — D. P. 1886. 1. 478. — P. F. 1886. 1. 190. — 15 juillet 1886. B. 257. 1886, p. 426. — D. P. 1886. 1. 479. — P. F. 1886. 1. 189. — 24 juillet 1886. B. 278. 1886, p. 461. — D. P. 1886. 1. 477. — P. F. 1886. 1. 195. — 29 juillet 1886. B. 283. 1886, p. 470. — D. P. 1886. 1. 480. — 9 sept. 1886. B. 326. 1886, p. 542. — Berton, *Code*, n° 379. — Le Poittevin, p. 77. — *Contra* Laborde, journal *la Loi*, 22 mai 1886. — Depeige, p. 67.

puisse paraître cette solution, en présence des exigences du législateur, il ne faut pas moins s'y soumettre. La question a été portée devant la Cour de Nîmes, en matière de citation directe et l'arrêt a tranché le différend dans le sens indiqué. La Cour Suprême n'a point encore eu à se prononcer sur cette difficulté (¹).

Que décider, au cas où le prévenu aurait été invité, sans citation (Circulaire du Garde des Sceaux du 27 février 1887) à comparaître devant le tribunal correctionnel? Le cas sera rare, mais il pourra se présenter. Le tribunal devra-t-il prononcer la relégation? Le législateur de 1885 ne pouvait prévoir une hypothèse qu'une circulaire ministérielle postérieure s'est plu à créer. Nous pensons que, le parquet s'apercevant, à la réception du bulletin, que le prévenu est relégable, fera sagement de retirer l'affaire dont le tribunal n'a pas encore été régulièrement saisi, et de requérir le juge d'instruction. Que si, par impossible, la relégabilité ne se découvrait qu'à l'audience, une fois l'affaire entamée, alors que le tribunal ne peut plus être dessaisi, pourrait-il prononcer la relégation? Nous ne le pensons pas: si le prévenu excipait de la nullité de la poursuite, il y aurait lieu de la prononcer. Cette procédure inexistante, au point de vue juridique, analogue d'ailleurs à celle du flagrant délit, devrait être traitée comme celle qui est suivie en cette matière : ce qui sera dit pour celle-ci s'appliquera à celle-là.

Quel est le caractère de la nullité prononcée par la loi? Est-ce une nullité radicale ou simplement relative? Peut-elle être couverte, peut-elle être invoquée en appel? La

---

(¹) Nîmes, 10 mars 1887. D. P. 1887. 2. 197. — Berton, *Code,* p. 157. — Le Poittevin, p. 78.

jurisprudence a tranché la question, non pas d'une manière directe; mais il ne paraît pas douteux qu'il résulte aussi bien des arrêts des cours d'appel que de ceux de la Cour de Cassation, que la violation de l'article 11 constitue une nullité absolue, que les formalités qu'il prescrit sont considérées comme substantielles, que par suite, l'on ne saurait soutenir que le vice d'une procédure suivie en violation de ses prescriptions peut se couvrir par ratification, par exemple, et qu'invoquée en appel, pareille nullité ne s'impose pas.

Malgré les autorités considérables qui adoptent cette solution, nous ne croyons pas devoir l'admettre. A nos yeux, l'article 11 ne contient pas une nullité absolue; nous estimons, au contraire, que la nullité prévue est toute relative.

Quelles sont les nullités que l'on doit considérer comme absolues ou substantielles, par rapport à celles qui sont dites relatives ou accidentelles? Il est nécessaire de rappeler les caractères de chacune d'elles, afin de rechercher à quelle catégorie peut appartenir celle qui nous occupe.

Pour décider si une nullité est substantielle ou relative, il faut se demander dans quel esprit cette nullité a été édictée par le législateur, quel a été son but en imposant une forme à peine de nullité? Quelles sont les conséquences et les dangers que peut entraîner son omission? Si, par suite d'une violation de forme ou d'une omission, le but se trouve manqué, si l'économie de la procédure tout entière se trouve détruite, il y a nullité substantielle. L'irrégularité commise n'entraînerait-elle que quelques retards ou quelques frais, quelque modification dans les délais légaux, des différences plus ou moins grandes, mais insuffisantes pour paralyser le vœu de la loi, il n'y à qu'une nullité secondaire, qu'une nullité accidentelle ou relative. Au surplus, dans le doute sur le point de savoir quel est le caractère de la nullité, si elle se rattache à une formalité substantielle ou non, on doit réputer valable la procédure (¹).

Ces principes, applicables en matière de procédure civile, le sont également en matière pénale (²). Il suffit de lire les articles 146 et 184 du Code d'Instruction Criminelle, pour qu'il ne soit pas permis de le contester.

Ceci posé, il faut nous demander si, en suivant contre un individu relégable la procédure des flagrants délits, on va bouleverser l'œuvre du législateur, et si manifestement on va à l'encontre du but qu'il s'est proposé.

On le connaît, ce but. Il est bien clairement indiqué par M. Jullien. Il faut permettre au prévenu de se défendre, il faut pour cela lui laisser un temps moral; la loi de 1863 supprime les délais ordinaires de la citation en autorisant les parquets à faire conduire immédiatement à la barre les prévenus surpris en flagrant délit. Pour les futurs relégués, il faudra respecter les délais ordinaires, écarter cette procédure rapide. Et dans quel intérêt parlait M. Jullien? Était-ce dans un intérêt public? Était-ce pour protéger le corps social? Bien certainement non. L'article 11 est uniquement écrit dans l'intérêt particulier du prévenu, de cet homme qui ne peut se voir infliger sans un sérieux contrôle et sans avoir pu se défendre une peine grave, perpétuelle. Il a dans ce texte une garantie;

(¹) *Journal du Palais*, répert., vᵒ *Nullités de procédure*, nᵒˢ 17, 18. — Boncenne, *Procédure civile*, t. III, p. 271. — Carré et Chauveau, Question 3392.

(²) *Journal du Palais*, répert., vᵒ *Nullité* (matière criminelle), nᵒˢ 1 et s.

mais pourra-t-il renoncer à cette garantie, soit expressément, soit tacitement? On ne peut sérieusement soutenir
la négative, et dire que cette renonciation aura fait
manquer son but au législateur. Le silence du prévenu
ou sa ratification témoignent que le délai qui lui a été
accordé, ne fût-il que de vingt-quatre heures, lui aura
suffi pour se défendre. Que si, au contraire, il pense sa
défense incomplète, il invoquera la nullité, mais il devra
le faire *in limine litis*. Pourquoi annulerait-on la procédure, s'il ne le demandait pas?

En résumé, le législateur a voulu que pour les relégables
on respectât les délais ordinaires de la procédure. Or,
qui a jamais soutenu que, lorsque les délais légaux n'ont
point été observés dans une citation, on se trouvait en
présence d'une nullité absolue? L'article 173 du Code de
Procédure Civile dispose bien que les nullités des actes
de procédure sont couvertes par la défense au fond. Or,
quels actes sont annulés par l'art. 11 ? Le mandat de
dépôt, s'il y en a eu, et la citation; ce sont les seuls. Et
comme le législateur de 1885 ne dit point qu'il est dérogé
à l'art. 173 précité, aux termes duquel la nullité de ces
actes est couverte par la défense, au fond, pourquoi en
serait-il autrement, lorsqu'en violation de l'article 11, la
loi de 1863 aurait été appliquée?

Ne trouvons-nous pas, à l'appui de notre opinion, un
argument d'analogie tiré de ce qui se passe en matière de
presse? L'art. 60 de la loi du 29 juillet 1881 édicte expressément, *à peine de nullité,* certaines formalités que doivent
contenir les citations données en la matière. Or, il est de
jurisprudence que la défense au fond couvre ces nullités,
parce que rien n'indique que le législateur de 1881 ait
entendu déroger à l'article 173 du Code de Procédure

Civile, et que les dispositions de ce texte sont prises, non dans un intérêt d'ordre public, mais bien dans l'intérêt personnel du prévenu ([1]).

Pourquoi en serait-il autrement, dans l'hypothèse qui nous occupe? La loi de 1863 fait-elle autre chose que modifier les délais légaux de citation? Pourquoi, si un prévenu accepte la procédure suivie, soit expressément, soit par son silence, voudrait-on, quand même, l'arguer de nullité? M. Jullien semble avoir fait d'avance la réponse à l'objection, lorsqu'il a dit que les vagabonds ou les mendiants ignoraient en général les exigences du législateur. Singulier argument, vraiment! Est-elle donc abrogée cette maxime, plus vraie en droit pénal qu'en n'importe quelle autre branche de la science juridique: *Nemo censetur ignorare legem?* Une loi est promulguée, elle est censée connue de tous, et l'expérience de chaque jour nous autorise à affirmer que les malfaiteurs du genre de ceux auxquels s'applique la loi de 1885 ne sont pas les premiers venus en matière pénale, et que, bien souvent, ils peuvent en montrer à ceux qui ont appris la loi.

La nullité prévue par le § 1er de l'article 11 est donc, suivant nous, purement relative ([2]).

Mais quels résultats singuliers, si on décide qu'elle est substantielle!

Ainsi que nous l'avons dit plus haut, c'est l'unique procédure de la loi du 20 mai 1863 qui est proscrite. Il est donc permis de citer directement un prévenu. Or,

---

([1]) Agen, 5 mai 1882. D. P. 83. 2. 38. — Besançon, 26 mai 1882. D. P. 83. 2. 38. — Angers, 17 juillet 1882. D. P. 83. 2. 183. — Cass., 10 fév. 1883. D. P. 83. 1. 364. — 21 juillet 1884. D. P. 85. 1. 167.

([2]) Voir P. F. 1886. 2, p. 134. Note reproduisant l'opinion de M. Laborde, qui paraît conforme à notre système.

n'arrive-t-il pas, en pratique, ou ne peut-il pas arriver que les délais légaux de la citation, pour un motif ou pour un autre, ne sont pas observés, soit parce que le prévenu est étranger au pays et doit le quitter, soit pour toute autre raison? Ce prévenu est relégable. S'il se défend, au fond, la nullité de la citation sera couverte, car il s'agit d'une nullité relative. Pourquoi en serait-il autrement, en matière de délit flagrant, et lorsque la procédure de la loi de 1863 aura été suivie? C'est une différence difficile à expliquer !

Ne paraît-il pas également exorbitant de décider que la nullité dont s'agit peut être invoquée en instance d'appel. La procédure est nulle, si elle est suivie par application de la loi de 1863, parce que le prévenu a pu être pris au dépourvu et manquer de temps pour préparer sa défense. Peut-on invoquer pareil argument, lorsque la cause est en appel?

Nous ajouterons que la relégabilité résulte, la plupart du temps, de l'élévation plus ou moins grande du taux de la peine. Or, voilà un relégable poursuivi en flagrant délit, il est puni de trois mois de prison; la procédure est valable; s'il est condamné à trois mois et un jour, cette même procédure est nulle! C'est le taux de la condamnation qui vivifie ou non l'instruction préalable.

Mais il est une situation encore plus étrange : Un relégable est poursuivi conformément à la loi de 1863, condamné à trois mois; impossible de prononcer la relégation. Le procureur général interjette appel *a minima,* pour faire majorer la peine, qu'il juge insuffisante. La cour, conformément à ses réquisitions, est d'avis qu'il faut infliger plus de trois mois, et, par suite, reléguer. Que fera-t-elle? Annulera-t-elle la procédure? Mais elle a été valablement suivie en première instance, puisque la relégation n'a pas été prononcée. Maintiendra-t-elle cette procédure? Mais elle viole l'article 11. On ne peut sortir de cette impasse.

De pareilles conséquences ne démontrent-elles point, à l'évidence, que la nullité dont s'agit doit être considérée comme relative?

Dans une autre hypothèse, il est d'un puissant intérêt de considérer la nullité comme relative.

Qu'advient-il ou que doit-il advenir, lorsqu'un relégable est traduit devant le tribunal correctionnel en vertu de la procédure de la loi du 20 mai 1863? Puis, en admettant que le tribunal passe outre, sans se préoccuper de la procédure, que doit faire la cour?

Si l'on se trouve en présence d'une nullité relative, la solution est des plus simples. Le tribunal, saisi irrégulièrement, statuera valablement si l'irrégularité n'est point relevée *in limine litis* par le prévenu.

L'invoque-t-il? La procédure est annulée, et il est dans le même état qu'au moment de son arrestation. Il est conduit devant le procureur de la république, qui le met immédiatement sous écrou, afin de saisir le juge d'instruction. Et, à la cour, il ne saurait exciper d'une nullité, qui est couverte.

Si, au contraire, la nullité est substantielle, les difficultés soulevées sont absolument inextricables. Aussi, pour les trancher, a-t-on échafaudé système sur système; et, en fin de compte, aucun ne consacre une solution vraiment satisfaisante au point de vue juridique.

Tel est contraire à la loi; tel autre, au bon sens; tel autre, aux principes admis en jurisprudence. Ne vaut-il pas mieux, *a priori*, et cela n'a rien d'exorbitant, admettre que la nullité dont nous nous occupons est purement relative? Rien ne s'y oppose; bien plus, les principes eux-mêmes et les précédents. en matière de presse semblent plutôt favoriser cette doctrine.

Il nous reste à faire connaître, dans l'hypothèse d'une nullité substantielle, les difficultés qui ont été tranchées par les auteurs et les arrêts, et de quelle manière elles l'ont été.

D'abord, c'est en première instance que la nullité est soulevée. Elle est radicale : le tribunal annule la procédure et renvoie le ministère public à se pourvoir, sans qu'il y ait lieu de distinguer si le mandat de dépôt a été ou non confirmé, ainsi que le fait M. Tournade. Frappé de nullité *ab initio,* le mandat ne sera pas renforcé par la confirmation du tribunal.

Mais l'on se trouve en instance d'appel : il faut écarter l'hypothèse d'un appel interjeté par le prévenu, la cour ne pouvant prononcer la relégation et faire pire la situation du condamné, le ministère public n'ayant point d'ailleurs relevé appel.

L'appel est fait, soit par le parquet, la procédure du flagrant délit ayant été suivie et la relégation n'ayant pas été prononcée, soit par le prévenu, la relégation lui ayant été infligée à tort, sur une poursuite engagée conformément à la loi de 1863.

La cour doit évidemment prononcer la nullité de la procédure, et, puisqu'il s'agit d'une nullité radicale, annuler tous les actes, jusqu'au mandat de dépôt : d'ailleurs, n'annulerait-elle pas ce mandat qu'il serait absolument inopérant, puisqu'aux termes mêmes de la loi de 1863, le procureur de la république ne peut valablement le délivrer que pour vingt-quatre heures. Le mandat fût-il confirmé, que le jugement de confirmation serait lui-même sans effet; on ne confirme point le néant. La Cour de Bordeaux a cependant décidé que le mandat de dépôt subsistait, survivait à l'annulation de la procédure : mais cet arrêt est à peu près unique (¹).

Lorsque la cour a annulé la procédure, que doit-elle faire?

Les juges d'appel doivent-ils évoquer le fond et prononcer la relégation?

Doivent-ils évoquer le fond et ne point la prononcer?

Ou bien encore, ne pouvant évoquer, doivent-ils annuler la procédure et renvoyer le ministère public à se pourvoir?

Tels sont les trois systèmes qui ont été soutenus.

Si l'on s'en tenait aux termes rigoureux de l'article 215 du Code d'Instruction Criminelle, il faudrait décider que l'évocation qui est forcée ne saurait avoir lieu que lorsque le juge, dans sa décision de première instance, a violé ou omis l'une des formalités prescrites à peine de nullité, dans son jugement même; mais la jurisprudence décide que l'article 215 n'est qu'énonciatif et que d'autres cas de nullité que ceux qui peuvent frapper le jugement peuvent donner droit d'évocation aux magistrats du second degré. Il est, en effet, unanimement admis que, sauf en cas d'incompétence, les juges du fond doivent évoquer quand ils annulent un jugement correctionnel pour violation ou omission des formes prescrites par la loi, sans qu'il y ait lieu de distinguer entre le cas où l'irrégularité reconnue s'attache à l'instruction ou au jugement, et celui où elle

____

(¹) Bordeaux, 13 janv. 1886. D. P. 1886. 2. 59. — Grenoble, 17 mars 1886. Sirey-Devill., 1883. 2. 138. — Depeige, p. 167.

se réfère à l'acte en vertu duquel le tribunal a été saisi (¹).

Ces principes posés, il paraît hors de doute que le droit de la cour qui annule une poursuite dirigée contre un relégable, par application de la procédure de la loi de 1863, est incontestable; elle doit évoquer le fond et prononcer la relégation, accessoire du châtiment principal.

Cette solution, qui est celle de la Cour de Cassation et des auteurs qui adoptent le premier système plus haut indiqué, est la dernière en date, et encore faut-il remarquer que ce n'est pas sans hésitation que la Cour Suprême s'y est rangée.

En effet, dans son arrêt du 10 juin 1886 (Affaire Laplace), elle décide : 1° que la Cour de Limoges a bien jugé, en annulant une procédure suivie en vertu de la loi de 1863 et renvoyant le ministère public à se pourvoir devant le juge d'instruction; 2° qu'il est inutile de rechercher si la Cour de Limoges aurait dû évoquer le fond. Cette jurisprudence timidement conçue était doublement vicieuse, et parce qu'elle méconnaissait les principes de l'article 215 du Code d'Instruction Criminelle, et parce qu'elle avait pour conséquence de faire statuer deux fois un tribunal sur la même affaire, alors que, par une décision première il avait épuisé sa juridiction. En effet, la Cour de Limoges avait annulé un jugement du Tribunal d'Ussel, pour violation de l'article 11, et renvoyé le ministère public à se pourvoir devant le juge d'instruction, de telle sorte que le même Tribunal d'Ussel, allait

---

avoir à statuer une seconde fois, au fond, sur le même litige.

Ces conséquences n'ont point échappé à la Cour de Cassation qui, appelée de nouveau à trancher le même point de droit, décidait les 2 et 15 juillet 1886, dans les affaires Saint-Sever et Henri, que les cours d'appel doivent évoquer, conformément à l'article 215 qui est général et auquel la loi de 1885 n'a pas dérogé, et prononcer la relégation.

En vain M. Berton essaie-t-il d'expliquer cette contradiction dans les arrêts de la Cour Suprême, en faisant remarquer que dans l'arrêt Laplace (10 juin 1886) la Cour a statué au cas où l'affaire n'avait pas été jugée au fond par les premiers juges, tandis qu'au contraire dans les deux autres arrêts, il y avait eu décision sur le fond même du litige. Dans le premier cas, le Tribunal n'avait pas épuisé ses droits n'ayant pas tranché le fond, et, par suite, pouvait de nouveau statuer. Cette distinction ne saurait être faite, car il suffit de lire l'arrêt Laplace pour se convaincre que, dans cette espèce comme dans les autres, la Cour et le Tribunal avaient statué au fond. Il vaut mieux voir une contradiction dans les arrêts de la Cour de Cassation, plutôt que de pousser le respect qui lui est dû jusqu'à vouloir, quand même, concilier entre elles des décisions qui se contrarient absolument, alors surtout qu'on se trouve sur un terrain inexploré et hérissé d'obstacles (1).

---

(1) Cass., 10 juin 1886. B. 208. 1886, p. 340. — D. P. 1886. 1. 352. — P. F. 1886. 1. 143. — 2 juillet 1886. B. 235. 1886, p. 387. — D. P. 1886. 1. 478. — P. F. 1886. 1. 190. — 15 juillet 1886. B. 257. 1886, p. 426. — D. P. 1886. 1. 479. — P. F. 1886. 1. 189. — 29 juillet 1886. B. 283. 1886, p. 470. — D. P. 1886. 1. 480.

Quelles sont les conséquences de cette solution? Elles sont exorbitantes et manifestement contraires à l'ordre public et à l'esprit de la loi de 1885. La procédure est annulée; la cour a statué au fond; mais comme il ne reste aucune pièce permettant de maintenir le condamné sous les verrous, que, d'autre part, l'arrêt n'est pas irrévocable avant l'expiration du délai pour se pourvoir en cassation et ne peut, par suite, être exécuté, le condamné, considéré par le législateur comme un danger public, va être remis en liberté! Ainsi que le fait d'ailleurs remarquer la Cour Suprême, l'article 214 du Code d'Instruction Criminelle est inapplicable à l'espèce parce qu'on n'est pas en présence d'une incompétence, mais d'une nullité de procédure! La cour, par suite, ne peut décerner contre le condamné un mandat de dépôt, comme elle eût pu le faire au cas de l'article 214.

C'est ce résultat plus qu'étrange, tout à fait renversant, qui, entrevu par les auteurs, a inspiré le troisième système sur lequel nous revenons plus loin.

M. Sarrut, dans sa note (D. P. 86, 2, 49), soutient que la cour doit évoquer le fond, mais il lui refuse le droit de statuer sur la relégation. Ce système qui n'a été suivi par aucun auteur ni aucun arrêt, contient, en effet, en germe, une contradiction qui doit le faire repousser. Pourquoi refuser à la cour le droit de prononcer la relégation, une fois la procédure annulée? Le but de l'annulation est justement de régulariser la procédure au point de vue de la relégation. A quoi sert alors de l'annuler? Il semble que l'auteur de ce système eût été plus logique en ne permettant à la cour que de réformer *parte in qua*, de supprimer la relégation; s'il ne suit pas cette idée, c'est manifestement pour respecter la jurisprudence en matière d'évocation, et parce qu'il pense que la procédure des flagrants délits ayant été suivie, le condamné n'a pas eu les garanties qu'il était en droit d'attendre. Peut-être est-ce un peu exagéré? M. Sarrut annulant la procédure décide également que le condamné doit être remis en liberté, le mandat de dépôt n'ayant pas survécu à la nullité prononcée.

La presque unanimité des auteurs enseignent, suivant une dernière opinion, que la procédure étant annulée par la cour, celle-ci n'a pas le droit d'évoquer. Étant donnés les principes plus haut exposés et la jurisprudence aujourd'hui indiscutable, il est incontestable que la cour doit évoquer. Sentant bien que cette solution était en désaccord avec la jurisprudence, M. Le Poittevin a imaginé une distinction suivant nous inadmissible, alors même que nous n'aurions pas d'autres raisons de repousser ce système. Il enseigne, en effet, que, pour savoir si la cour a le droit d'évoquer, il faut rechercher si la nullité de la procédure est substantielle ou accidentelle. S'agit-il d'une nullité relative ou accidentelle, l'évocation ne saurait faire doute. Est-on, au contraire, en présence d'une nullité absolue ou substantielle, pas d'évocation possible. Cette opinion, à coup sûr ingénieuse, a le défaut d'être arbitraire, car ni le texte de l'article 215, ni les arrêts qui l'ont commenté n'ont jamais autorisé un pareil critérium. De quelque nullité qu'il s'agisse, pourvu qu'elle existe, si elle est prononcée, la cour doit évoquer.

Les auteurs qui soutiennent cette opinion décident que la procédure est annulée et les choses remises au même état qu'avant les poursuites, c'est-à-dire que le prévenu est remis entre les mains de la police qui le ramène devant le magistrat compétent. Il est clair que ce système a l'avantage sérieux de ne point remettre en liberté le relégable, faute de pièce régulière ; mais à côté de cet avantage, quelle atteinte aux principes ne consacre-t-il pas ? Comment ! un tribunal a statué au fond, sa juridiction est épuisée, et sous prétexte que la procédure a été annulée, on va le saisir de nouveau et il va statuer au fond une seconde fois ! Il faut, pourtant, admettre cette conséquence antijuridique (¹).

En résumé, chacun des trois systèmes proposés sur la question viole plus ou moins les principes et la jurisprudence ou méconnaît l'esprit de la loi.

Celui de la Cour de Cassation aboutit à la mise en liberté du condamné, que le législateur de 1885 proclame dangereux !

Celui de M. Sarrut pêche par la logique : il aboutit à faire prononcer platoniquement une nullité, et, une fois cette nullité prononcée, son auteur n'en tire point les conséquences ; il est, au surplus, entaché du même vice que le précédent.

Enfin, le dernier, celui de la doctrine, est manifestement contraire à l'article 215 du Code d'Instruction Criminelle, et à la jurisprudence puisqu'il refuse à la cour le droit d'évocation.

En admettant, ainsi que nous le proposons, de voir dans l'article 11 une nullité relative, il n'y a plus de difficulté. On pourra discuter, attaquer cette opinion, elle n'en demeurera pas moins avec cet avantage de faire résoudre certaines difficultés, sans elle inextricables. Enfin, elle

---

(¹) Rennes, 6 janv. 1886. — Bordeaux, 13 janv. 1886, cités plus haut. — Sauvajol, *Gaz. des Trib.*, 19 déc. 1885. — De Neyremand, *Gaz. des Trib.*, 14 avril 1886. — Tournade, p. 71. — Berton, *Code*, p. 141. — Le Poittevin, p. 71 et s.

paraît conforme aux principes de la procédure, à la jurisprudence en matière de presse, et à cette coutume qui veut que lorsqu'il y a doute sur le caractère d'une nullité, l'on décide que la nullité est relative plutôt qu'absolue.

L'article 11 dispose en second lieu qu'un défenseur doit être nommé d'office à peine de nullité.

Deux hypothèses sont possibles.

Ou bien il a été régulièrement procédé.

Ou bien la procédure des flagrants délits a été suivie.

S'il a été régulièrement procédé, le jugement se trouve nul, la procédure antérieure subsistant. La cour annulera, évoquera et prononcera la relégation après avoir, d'ailleurs, entendu le défenseur qui, au second degré, aura été désigné d'office. Nous n'avons point parlé de la nullité en première instance, car il est clair que si le prévenu l'invoquait, le président du siège, immédiatement pourrait la faire cesser en désignant un défenseur.

Il arrivera, le plus souvent, que la procédure du flagrant délit aura été suivie et que la condamnation aura été prononcée sans qu'un avocat ait été entendu. Suivant ce que nous avons dit plus haut, la procédure sera valable puisque la nullité n'aura pas été invoquée *in limine litis*, le jugement seul demeurant nul, la cour évoquera et statuera au fond.

Il est également certain que la procédure est valable, si l'avocat, au lieu d'être nommé d'office, a été choisi par le prévenu. Le vœu du législateur est rempli. Ce que demandait M. Jullien, c'était de ne point laisser condamner à une peine perpétuelle, un prévenu qui n'aurait point été défendu. Peu importera donc que cet avocat ait été désigné par lui ou par l'autorité judiciaire.

Au criminel, l'avocat est toujours désigné d'office

(art. 294, C. I. C.), si l'accusé n'a lui-même désigné son
défenseur.

L'article 11 est uniquement écrit pour la matière correctionnelle. Cela ressort clairement des explications de
M. Jullien, citées plus haut. Ce sera donc par le président
de la Chambre correctionnelle, que l'avocat sera nommé
(art. 29, L. du 22 janvier 1851) (¹).

On aurait pu se demander si la procédure du flagrant
délit était bannie et si la nomination d'un avocat était
nécessaire, quand la relégation ne devait point être prononcée, et que par suite de l'âge du prévenu, il n'était
passible que des peines substituées. (Art. 6 et 8).

La Cour de Cassation s'est, avec raison, prononcée dans
le sens de l'affirmative, au moins quant à la nomination
de l'avocat. Il n'y a pas de raison pour ne point admettre
la même solution dans l'autre hypothèse (²).

Art. 12.

« La relégation ne sera appliquée qu'à l'expiration de la dernière peine à subir par le condamné. Toutefois, faculté est laissée
au gouvernement de devancer cette époque pour opérer le transfèrement du relégué. Il pourra également lui faire subir tout ou
partie de la dernière peine dans un pénitencier. Ces pénitenciers
pourront servir de dépôt pour les libérés, qui y seront maintenus
jusqu'au plus prochain départ pour le lieu de relégation. »

Cette disposition de loi était nécessaire pour déterminer les droits du pouvoir exécutif vis-à-vis des relégués,

---

(¹) Jambois, p. 86. — Berton, *Code,* p. 160. — Dalloz, *Code Pénal* annoté,
Appendice, p. 328, n° 5. — Le Poittevin, p. 84.
(²) Cass., 25 mars 1887. B. 115. 1887, p. 177. — D. P. 1887. 1. 414. — P. F.
1887. 1. 391.

quant à l'exécution des peines. Il est clair qu'on ne pouvait imposer une époque fixe, à partir de laquelle la relégation serait subie. On ne relègue pas comme on transfère d'une maison de correction dans une autre. La relégation est appliquée au loin, dans des colonies ; si la peine accessoire eût été applicable dès que le châtiment principal eût été subi, il eût fallu presque autant de bâtiments de transport que de condamnés. Aussi, était-il de la prévoyance la plus élémentaire de décider que le gouvernement pouvait, d'une part, faire subir partie de la peine principale dans des pénitenciers-dépôts qui se trouveraient au port de départ ; d'autre part, retenir dans ces mêmes pénitenciers les libérés de la peine principale, jusqu'au jour où ils prendraient la mer.

Nous reviendrons, sous l'article 18, sur l'organisation de ces pénitenciers.

ART. 13.

« Le relégué pourra momentanément sortir du territoire de relégation, en vertu d'une autorisation spéciale de l'autorité supérieure locale.

» Le Ministre seul pourra donner cette autorisation pour plus de six mois ou la réitérer.

» Il pourra seul autoriser, à titre exceptionnel, et pour six mois au plus, le relégué à rentrer en France. »

Cet article apporte certains adoucissements au régime des relégués ; il confère à l'autorité administrative le droit d'accorder aux condamnés des permissions de quitter le lieu de transportation. Il est suffisamment clair par lui-même pour ne comporter aucun commentaire.

Art. 14.

« Le relégué qui, à partir de l'expiration de sa peine, se sera rendu coupable d'évasion ou de tentative d'évasion ; celui qui, sans autorisation, sera rentré en France ou aura quitté le territoire de relégation ; celui qui aura outrepassé le temps fixé par l'autorisation, sera traduit devant le tribunal correctionnel du lieu de son arrestation ou devant celui du lieu de la relégation, et après connaissance de son identité, sera puni d'un emprisonnement de deux ans au plus.

» En cas de récidive, cette peine pourra être portée à cinq ans.

» Elle sera subie sur le territoire du lieu de relégation. »

Nulle difficulté ne peut s'élever relativement à ce texte. Notons, cependant, que le législateur eût peut-être bien fait d'indiquer un minimum pour la peine qu'il prononce. Quel sera-t-il ? Il faudra s'en référer au droit commun. En matière correctionnelle les peines varient de six jours à cinq ans. (Art. 9 et 40, C. P.) Le minimum est donc de six jours.

L'article 463 n'étant point formellement visé, ne sera point applicable.

En cas de récidive, est-il dit, la peine pourra être portée à cinq ans.

Voilà une disposition qui laisse beaucoup à désirer au point de vue de la clarté. En outre, elle déroge au droit commun. La peine en matière de récidive peut être portée au maximum et ce maximum au double. Or, le maximum ici est de cinq ans. Ceci n'est qu'un détail. Mais quel va être le minimum ? Sera-ce deux ans, sera-ce six jours ? Le silence n'est point éloquent. En l'absence de toute indication, il est sage de décider que le minimum dans ce cas sera six jours, quelque étrange que cela puisse paraître.

ART. 15.

« En cas de grâce, le condamné à la relégation ne pourra en être dispensé que par une disposition spéciale des lettres de grâce.

» Cette dispense par voie de grâce pourra, d'ailleurs, intervenir après l'expiration de la peine principale. »

Cet article prévoit deux cas : Le relégué est gracié en même temps de la peine principale et de la peine accessoire. Dans cette hypothèse, le décret doit contenir une disposition spéciale à la relégation.

Il est gracié uniquement de la peine accessoire, une fois la peine principale subie.

Il est incontestable que le condamné gracié de la relégation, qui viendrait à subir une condamnation nouvelle, pourrait être de nouveau soumis à la relégation, pourvu que cette condamnation intervienne dans les conditions requises par l'article 4. C'est bien ce qu'a voulu indiquer M. de Verninac, rapporteur de la loi au Sénat, quand il disait : « Les relégués pourront obtenir ainsi une espèce » de réhabilitation partielle qui aura pour effet de les rele- » ver de la relégation, mais sans effacer, cela va de soi, les » condamnations antérieures ; de sorte que, si, rentrés en » France, ils encouraient une nouvelle condamnation dans » les conditions prévues par la loi, ils se verraient immé- » diatement frappés à nouveau de la relégation. »

ART. 16.

« Le relégué pourra, à partir de la sixième année de sa libération, introduire devant le tribunal de la localité une demande tendant à se faire relever de la relégation, en justifiant de sa bonne conduite, de services rendus à la colonisation et de moyens d'existence.

» Les formes et conditions de cette demande seront déterminées par le règlement d'administration publique, prévu par l'article 18 ci-après. »

La sollicitude toute paternelle du législateur en faveur des malheureux qu'il astreint à un bannissement perpétuel, se révèle encore dans l'article 16. Toutes les modifications adoucissant le régime de la relégation ont été prévues : grâce, autorisation de quitter le territoire, permis de séjour en France, etc., etc. Ce n'était pas assez ; dans l'intérêt de cette catégorie de malfaiteurs dangereux, que l'on s'est vu contraint d'éloigner de France pour la sécurité de tous, la Chambre, émue de pitié, a imaginé un suprême recours. Le condamné, six années écoulées après la libération de la peine principale, pourra, sous certaines conditions, introduire devant le tribunal du lieu une demande tendant à le faire relever de la relégation ! Eh bien ! voilà une innovation. Certes, elle n'a rien de conforme aux us et coutumes. Ordinairement, c'est une juridiction d'ordre supérieur qui peut relever des incapacités qui ont pu être infligées. Pour la relégation, ce sera le tribunal ! mais le relégué peut se faire gracier par le chef de l'État ! C'est insuffisant. Le chef de l'État peut lui refuser sa grâce, le tribunal sera là pour corriger les caprices du chef de l'État. Le législateur a donné dans l'article 21, aux tribunaux, le droit de grâce. C'est un tort. — Par excès de bienveillance, il a renversé les rôles, confondu les pouvoirs judiciaire et exécutif.

Dans quelle forme cette demande doit-elle être introduite devant les tribunaux ? Ce sont des règlements d'ad-

ministration publique qui doivent nous le faire connaître.
Ils n'ont point encore été promulgués. Celui du 26 novembre 1885 est muet à ce sujet.

Dans le cas où le relégué rentré en France à la suite de cette décision viendrait à commettre un nouveau délit, il faudrait décider et cela ne peut faire doute, qu'il serait passible de la relégation, si d'ailleurs la nouvelle condamnation subie remplaçait, par sa nature et sa durée, les conditions exigées par l'article 4. Cela résulte expressément du rapport de M. de Verninac, qui s'exprimait ainsi : « Les relégués pourront obtenir ainsi une espèce de
» réhabilitation partielle, qui aura pour effet de les relever
» de la relégation, mais sans effacer, cela va de soi, les
» condamnations antérieures, de sorte que si, rentrés en
» France, ils encourent une nouvelle condamnation dans
» les termes prévus par la loi, ils se verraient immédiate-
» ment frappés à nouveau de la relégation. »

Toutefois, une question peut se poser : devra-t-on, pour calculer la période décennale, défalquer le temps passé aux colonies pour l'accomplissement de la peine accessoire de la relégation? Dans l'intention du législateur, les relégués devaient être bannis sous un régime de liberté, comme les libérés des travaux forcés. Or, en fait et d'après les règlements, seuls les relégués individuels jouissent de ce privilège. Les relégués collectifs, au contraire, sont enrégimentés, soumis à une discipline sévère et surveillés de près! Nous ferions donc une distinction : S'agit-il d'un relégué à titre individuel? — Non, on ne devra point défalquer le temps passé aux colonies. — S'agit-il d'un relégué à titre collectif? — La défalcation devra être faite.

Art. 17.

« Le Gouvernement pourra accorder aux relégués l'exercice, sur les territoires de la relégation, de tout ou partie des droits civils dont ils auraient été privés par l'effet de condamnations encourues. »

En accordant au gouvernement le droit de relever les relégués des incapacités qui ont été la conséquence des condamnations encourues, le législateur a fait encore en leur faveur échec aux principes généraux. C'est par voie de réhabilitation que cessent les effets des condamnations. Ce sera d'office et par voie administrative, sur la proposition des directeurs, que seront rendus aux relégués leurs droits civils.

Art. 18.

« Des règlements d'administration publique détermineront :
» Les conditions dans lesquelles les relégués accompliront les obligations militaires auxquelles ils pourraient être soumis par les lois sur le recrutement de l'armée ;
» L'organisation des pénitenciers mentionnés en l'article 12 ;
» Les conditions dans lesquelles le condamné pourra être dispensé provisoirement ou définitivement de la relégation pour cause d'infirmité ou de maladie, les mesures d'aide et d'assistance en faveur des relégués ou de leur famille, les conditions auxquelles les concessions de terrain provisoires ou définitives pourront leur être accordées, les avances à faire, s'il y a lieu, pour premier établissement ; le mode de remboursement de ces avances, l'étendue des droits de l'époux survivant, des héritiers ou des tiers intéressés sur les terrains concédés et les facilités qui pourraient être données à la famille des relégués pour les rejoindre ;
» Les conditions des engagements de travail à exiger du relégué ;
» Le régime et la discipline des établissements ou chantiers où

ceux qui n'auraient ni moyens d'existence ni engagement, seront astreints au travail;

» Et, en général, toutes les mesures nécessaires à assurer l'exécution de la présente loi.

» Le premier règlement destiné à organiser l'application de la présente loi sera promulgué dans un délai de six mois au plus, à dater de sa promulgation. »

Le législateur s'en est remis pour l'exécution matérielle de la loi de 1885 à la vigilance du Gouvernement. Ce sont des décrets rendus en la forme des règlements d'administration publique, qui règlent une foule de questions souvent d'ordre législatif, dans le détail desquelles les Chambres n'ont cru pouvoir entrer. L'on doit cependant constater qu'à l'heure actuelle, près de quatre ans après la promulgation de la loi, on attend encore certaines dispositions réglementaires annoncées expressément par le législateur, comme devant être prises par le pouvoir exécutif. Ce n'est que le 1er décembre 1888 qu'a été promulgué le décret relatif aux obligations militaires des relégués. Aucun n'a encore été pris sur les formes qui devront être suivies pour être relevé de la peine de la relégation, lorsqu'on se pourvoira devant l'autorité judiciaire. Il est vrai que ce recours ne pouvant être exercé que six ans après la libération, il n'y a pas péril en la demeure, puisque quatre ans sont à peine écoulés depuis que la loi est exécutoire.

Le règlement principal en la matière, qu'il n'était pas possible d'éluder, est celui annoncé dans l'article 18, *in fine,* promulgué en effet à l'expiration du délai imparti au pouvoir exécutif. La loi porte la date du 27 mai 1885. Un décret devait en assurer l'exécution dans les six mois, c'est le 26 novembre qu'il était pris!

Il est intéressant d'examiner en quelques mots ses

principales dispositions. Elles vont nous faire connaître quel est le régime des relégués; régime que nous aurons à comparer avec celui des transportés.

Le pouvoir législatif qui avait presque absolument abdiqué dans les mains du Gouvernement, relativement à l'exécution de la loi, avait cependant dans cet article 18 établi une fâcheuse distinction entre le relégué capitaliste et celui qui est sans ressources. Le Conseil d'État, muni de pleins pouvoirs pour continuer, peut-être même pour modifier l'œuvre des Chambres, n'usa qu'avec la plus grande réserve de ses prérogatives; cependant il chercha à rétablir pour les relégués l'uniformité du châtiment, et à respecter le principe de l'égalité des peines pour le riche et pour le pauvre, que le Sénat paraissait avoir oublié. C'est ainsi que le règlement du 26 novembre 1885 porte que ce ne sera qu'après examen de leur conduite, que ceux qui auront des moyens d'existence seront soumis au régime d'une liberté relative, régime qui, nous l'allons voir, s'appellera la relégation individuelle.

Le Conseil d'État innova très heureusement, en effet, en créant deux catégories de relégués et ces deux catégories fondamentales sont établies dans l'article 1 dudit décret.

La relégation est individuelle ou collective.

DE LA RELÉGATION INDIVIDUELLE.

I. — **En quoi consiste la relégation individuelle et où est-elle subie?**

La relégation individuelle n'est autre chose que l'exil des condamnés à la condition qu'ils respectent, dans les colonies où ils sont envoyés, les mesures d'ordre et de surveillance auxquelles ils sont astreints et qui leur ont été notifiées par le Ministre de la marine. (Art. 24, D. 26 nov. 1885.)

Ils jouissent d'une liberté pleine et entière, vivent sous le régime de droit commun, sont justiciables des tribunaux ordinaires. (Art. 2, D. 26 nov. 1885.)

La relégation individuelle à la différence de la relégation collective n'est pas subie dans des lieux déterminés d'avance ; le Ministre de la marine désigne à chacun, suivant ses aptitudes, sa santé... etc., la colonie où il subira sa peine. (Art. 23, D. 26 nov. 1885.)

II. — Comment est-on admis au bénéfice de la relégation individuelle?

Il faut distinguer suivant que la dernière peine subie l'a été en France ou aux colonies.

I. *La peine a été subie en France.*

Dans ce cas, on forme un dossier composé de l'avis du parquet qui a requis la dernière condamnation, du préfet du département où résidait le condamné avant sa dernière peine, du directeur de l'établissement pénitentiaire où cette peine a été subie.

Des médecins sont, en outre, appelés à examiner l'état de santé du relégué, ainsi que ses aptitudes physiques. Leur rapport et leur avis sont joints aux précédentes pièces, qui sont transmises à une commission de classement ; cette commission fait au Ministre de l'intérieur des propositions et c'est le Ministre qui statue définitivement. (Art. 6, D. 26 nov. 1885.)

La Commission dite de classement dont il est parlé ci-dessus, se compose de sept membres nommés par le

Ministre de l'intérieur sur l'avis de ses collègues de la justice et de la marine. — Ces divers membres sont :

Un conseiller d'État élu par le Conseil d'État;

Deux représentants de chacun des Ministres de l'intérieur, de la justice et de la marine. (Art. 7, D. 26 nov. 1885.)

Cette Commission a été constituée par décret du 6 mars 1886.

II. *La peine a été subie aux colonies* (¹).

C'est le Ministre de la marine qui statue définitivement sur les propositions d'une Commission spéciale nommée par le gouverneur, après avoir pris l'avis du Conseil de santé et du gouverneur.

La Commission dont s'agit se compose de trois membres, un magistrat, un représentant de la direction de l'intérieur, et un représentant de la direction du service pénitentiaire. (Art. 8, D. 26 nov. 1885.)

III. — Quels condamnés peuvent être admis au bénéfice de la relégation individuelle?

Les condamnés qui peuvent obtenir cet avantage sont, à condition que leur conduite ait été bonne :

Ceux qui justifient de moyens d'existence, soit qu'ils aient des ressources, soit qu'ils exercent honorablement un métier ou une profession (²);

(¹) Suivant nous, il faut placer dans cette catégorie ceux qui ont, par suite de la décision ministérielle, terminé aux colonies la peine prononcée et commencée à subir en France.

(²) Les rapports de M. le conseiller d'État Dislère, président de la Commission de classement pour les années 1886 et 1887, constataient l'impossibilité presque absolue pour la Commission de désigner d'ores et déjà un grand nombre de relégués pour bénéficier des avantages de la relégation individuelle.

Ceux qui sont aptes à recevoir une concession ;

Ceux qui ont été autorisés à travailler soit pour le compte de l'État, soit pour les colonies, soit pour des particuliers ;

Le rapport résumant, pour l'année 1888, les travaux de la Commission (*Journal officiel* du 27 mars 1889, p. 1511 et s.) constate la même impossibilité ; et chose plus grave, il en signale une nouvelle qui rend tout à fait inapplicable la relégation individuelle, déjà si rare ; nous laissons la parole à M. le Président de la Commission : « Les craintes que nous avions émises dans notre précé-» dent rapport au sujet de la possibilité de proposer l'envoi immédiat en » relégation individuelle d'un certain nombre de condamnés se sont réalisées, » mais ce ne sont pas seulement les candidats justifiant de quelques ressources » indispensables pour pouvoir vivre aux colonies, ou des moyens de s'en pro-» curer, présentant en même temps des garanties sérieuses de bonne conduite, » qui nous ont fait défaut ; la Commission s'est trouvée dans l'impossibilité » presque complète de trouver des lieux de relégation. — Nous avions, en effet, » pensé, d'après les renseignements fournis par l'administration des colonies » que Mayotte offrirait quelques débouchés, qu'il en serait de même de Diégo-» Suarez qui, peu après les autres établissements d'outre-mer, reconnaîtraient » la possibilité de recevoir un certain nombre de relégués individuels choisis » avec soin. — La colonie de Mayotte, après avoir réclamé l'envoi des relé-» gués, a déclaré n'en vouloir à aucun prix ; l'administration des colonies a » fait connaître qu'elle renonçait à la désignation primitive et qu'elle étendait » cette décision à Diégo-Suarez ; c'est encore sur la Nouvelle-Calédonie qu'il a » fallu diriger les quelques relégués qui avaient reçu une désignation pour » Mayotte ou Diégo-Suarez. — Il ne faut se faire dans ces conditions aucune » illusion sur le succès de la relégation individuelle ; si elle ne peut être » exercée que dans les colonies pénitentiaires, si l'administration renonce à » user du droit qu'elle tient de la loi d'envoyer un certain nombre de relégués » dans les autres établissements d'outre-mer, il n'est pas possible de compter » sur le relèvement des quelques individus qu'un isolement relatif aurait » permis de soustraire aux influences désastreuses de leur entourage. Au » milieu de la masse des libérés, ou concessionnaires, des condamnés en » cours de peine qu'il a connus jadis dans les prisons et qu'il coudoiera à » Nouméa ou à Cayenne, comment espérer qu'un relégué individuel ne soit » pas entraîné à retomber dans les fautes qu'il aurait pu éviter autrement ? »

Ainsi la situation n'est pas brillante pour la relégation individuelle et son avenir semble bien compromis, si le Gouvernement ne prend pas l'initiative qui lui appartient, d'envoyer d'office, dans telle ou telle colonie, ceux qui bénéficieront de la relégation individuelle. La Commission, durant l'année 1888, n'a accordé à aucun relégué le bénéfice du décret du 26 novembre. — Tous les condamnés ont été désignés pour la relégation collective ! — « S'il faut » pour le moment renoncer en fait à la relégation individuelle, ajoute M. Dis-» lère dans les conclusions du même rapport, ce que nous constatons avec » regret, on doit chercher à tirer tout le parti possible des sections mobiles, » à les constituer solidement, à leur trouver un travail utile. »

Enfin, ceux qui ayant primitivement été classés parmi les relégués collectifs se trouvent avoir rempli les conditions de l'article 2, soit qu'ils aient mérité cette faveur par leur bonne conduite, soit qu'ils aient appris et exercent un métier ou une profession honorables, soit enfin qu'ils aient été admis à travailler pour l'État, les colonies ou les particuliers.

Dans ce cas, le bénéfice de la relégation individuelle est accordé par le Ministre de la marine, conformément à la procédure suivie pour ceux qui y sont admis après avoir subi leur peine dans les colonies. (Art. 8 et 9, D. 26 nov. 1885.)

IV. — Comment se perd le bénéfice de la relégation individuelle.

L'article 10 du règlement du 26 novembre 1885 prévoit cinq cas de déchéance :

1° Lorsque le relégué aura subi une nouvelle condamnation pour crime ou pour délit.

2° Lorsqu'il se sera fait remarquer par son inconduite.

3° Lorsqu'il aura violé les mesures d'ordre ou de surveillance auxquelles il est astreint.

4° Lorsqu'il aura rompu volontairement ses engagements ou lorsque la rupture n'en sera pas justifiée.

5° Lorsqu'il aura abandonné la concession qui lui avait été accordée.

Le retrait du bénéfice de la relégation individuelle est prononcé par le Ministre de la marine et des colonies, sur la proposition du gouverneur et après avis de la Commission coloniale, instituée pour le classement des relégués qui ont subi leur peine aux colonies.

Cette décision doit être portée à la connaissance des

Ministres de la justice et de l'intérieur. (Art. 8 et 10, D. 26 nov. 1885.)

La relégation individuelle peut également cesser par suite de la volonté des relégués qui ne trouvent pas les moyens suffisants pour vivre ou sont dans l'indigence. Ils peuvent, dans ce cas, se faire admettre dans les ateliers collectifs. (Art. 34, D. 26 nov. 1885. — Art. 10, D. 25 nov. 1887.)

Un décret du 25 novembre 1887 réglemente d'une manière spéciale l'organisation de la relégation individuelle aux colonies et notamment la situation des relégués collectifs admis au bénéfice de la relégation individuelle.

Ce bénéfice peut être accordé, avons-nous vu dans l'article 9 du décret du 26 novembre 1885, à tout relégué à titre collectif qui s'est fait remarquer par sa bonne conduite, à la suite d'un avis conforme de la Commission de classement des colonies par décision du Ministre de la marine. Toutefois, si la demande est rejetée, elle peut être renouvelée par l'intéressé, mais seulement après un délai de six mois à compter du rejet de la première. (Art. 1 et 2, D. 25 nov. 1887.)

L'admission à la relégation individuelle peut n'être que provisoire : dans ce cas le relégué individuel est soumis aux mêmes règles que s'il avait obtenu le bénéfice à titre définitif.

La notification de l'admission à la relégation individuelle est faite dans les vingt-quatre heures de la réception de la décision ministérielle. Le relégué peut aussitôt quitter les chantiers où il est placé à titre collectif pour se diriger dans la colonie qui lui a été désignée comme lieu de séjour. Il est muni d'un livret qui relate son état civil, sa situation judiciaire, les lois et règlements concernant la relégation, la décision ministérielle qui l'admet au bénéfice de la relégation individuelle, ainsi que l'indication des autorités appelées à signer son livret et des lieux où il lui sera interdit de résider.

Tous les six mois le relégué individuel est tenu de faire viser son livret par les autorités qu'a désignées le gouverneur. Ce dernier, par arrêté spécial, peut néanmoins dispenser le relégué de l'un ou même des deux visa annuels.

Dans le cas de changement de résidence, le relégué est tenu d'en avertir l'autorité chargée de viser son livret et cette mention doit y être inscrite. Avis de ce changement doit être notifié aux directeurs de l'administration pénitentiaire des colonies affectées à l'internement des relégués ou à défaut au directeur de l'intérieur.

Le relégué individuel peut se voir interdire par le gouverneur ou le directeur de l'intérieur de résider dans certains lieux qui lui sont indiqués sur son livret.

En cas d'infraction aux obligations qui lui sont imposées ci-dessus, le relégué peut être puni d'un avertissement qui figure sur son livret et même se voir priver du bénéfice de la relégation individuelle, conformément aux règles plus haut exposées. (Art. 10, D. 26 nov. 1885.)

Le relégué individuel doit se constituer un fond de réserve par lui-même ou par un tiers, destiné à couvrir les frais qu'occasionnerait en cas de maladie son admission dans les hôpitaux. Cette réserve est sa propriété. L'importance en est fixée par arrêté du gouverneur, approuvé par le Ministre de la marine. Toutefois, le ministre peut le dispenser de ce versement. Il n'était pas inutile de donner ce pouvoir au Ministre, car il est infiniment probable que les condamnés capitalistes ou ayant assez de crédit pour qu'un tiers ou un parent s'intéresse à eux, seront assez rares.

L'article 34 du décret du 26 novembre 1885 autorise les relégués individuels à demander un emploi dans les chantiers, travaux, etc., affectés à la relégation collective. Ils se trouvent ainsi assimilés aux relégués collectifs, sont astreints aux mêmes mesures disciplinaires que ces derniers. (Art. 10, D. 25 nov. 1887.)

Le décret du 26 novembre 1885 contient certaines dispositions applicables aux femmes; il nous reste à les faire connaître avant d'examiner les règles et l'organisation de la relégation collective, car elles participent plutôt du caractère de la relégation individuelle.

A raison même de leur sexe et de leur faiblesse, *propter imbecillitatem sexus*, comme diraient les juris-consultes romains, elles sont moins aptes que les hommes aux rudes travaux, et par cela même se trouvaient exposées, une fois reléguées, au moins celles qui bénéfi-ciaient de la relégation individuelle, à ne point trouver de moyens honorables d'existence; aussi, le Conseil d'État a-t-il sagement décidé que, soit sur leur demande, soit d'office, quand il leur serait impossible de trouver du travail, elles seraient placées dans des maisons d'assistance, où il serait pourvu à leurs besoins, jusqu'au moment où elles trouveraient à s'engager ou à s'établir dans des conditions suffisantes de bon ordre et de moralité. (Art. 28, D. 26 nov. 1885.)

Il appartient au gouverneur de la colonie de déterminer les moyens de leur procurer du travail et de les établir; c'est un règlement d'administration publique, non encore promulgué, qui doit fixer les avantages particuliers qui pourront leur être accordés en argent, concessions, avances, dons ou prêts, etc., nécessaires à une exploitation commerciale, industrielle ou agricole. Les conjoints et les enfants à naître pourront également en profiter. (Art. 2, 9, D. 26 nov. 1885.)

Ces avantages, concédés aux femmes qui bénéficient de la relégation individuelle, peuvent également être accordés à celles qui sont envoyées en relégation collective, lorsqu'elles justifient d'une bonne conduite. (Art. 30, D. 26 nov. 1885.)

Le règlement est muet sur le point de savoir quelle est l'autorité qui peut prendre cette décision et de quelle manière elle sera prise. Nous pensons qu'il y a lieu dans cette hypothèse de suivre la procédure applicable aux hommes envoyés en relégation collective, qui réunissent les conditions nécessaires pour solliciter le bénéfice de la relégation individuelle. (Art. 2, 9, D. 26 nov. 1885.)

DE LA RELÉGATION COLLECTIVE

La relégation individuelle applicable à une certaine catégorie de condamnés ayant, au moment de la relégation, capitaux, moyens d'existence ou profession, ou à d'autres qui en cours de peine réunissent les conditions de l'article 2 du décret, est, il faut le reconnaître, une conception heureuse, mais sera en pratique aussi rare qu'heureusement imaginée ([1]). Les relégués individuels seront les aristocrates parmi les relégués! Aussi, l'étude de la relégation offre surtout de l'intérêt, quand on l'envisage au point de vue du système collectif, l'immense majorité

([1]) Voir la note ci-dessus, p. 162, et plus bas au paragraphe, De la comparaison des régimes des transportés et des relégués, p. 185 à 200.

des condamnés rentrant dans la catégorie des relégués collectifs.

La relégation collective consiste dans l'internement sur des territoires déterminés d'avance de ceux qui, soit avant, soit après leur départ, n'ont pas mérité le bénéfice de la relégation individuelle.

Un décret du 20 août 1886 a fixé l'île des Pins, en Nouvelle-Calédonie, comme lieu de relégation collective. Un autre du 24 mars 1887 a également déterminé une partie de la Guyane française pour une affectation identique et a pris soin de déterminer exactement les différentes zones réservées aux relégués et aux transportés.

Les relégués collectifs sont réunis dans des établissements où l'administration pourvoit à leur subsistance tout en les astreignant au travail.

Ils ne jouissent donc d'aucune liberté, ne vivent point sous le régime de droit commun et même sont justiciables de tribunaux spéciaux (art. 3, D. 26 nov. 1885.)

En principe, la relégation collective est subie sur le territoire de colonies désignées par décret. L'article 4 du règlement du 26 novembre dispose qu'elle s'exécutera sur le territoire de la Guyane et de la Nouvelle-Calédonie, si besoin est, mais que des décrets ultérieurs pourront désigner d'autres lieux. Par exception, il sera loisible au gouvernement d'envoyer sur le territoire de colonies quelconques des groupes de relégués pour être employés à des travaux publics. Mais cette décision ne pourra être prise que par décrets rendus en Conseil d'État. (Art. 4, D. 26 nov. 1885.) (¹)

(¹) D'après l'art. 4, D. 26 nov. 1885, les sections mobiles sont envoyées dans des lieux déterminés, par décrets rendus en Conseil d'État. — Or, aucun décret n'a encore été rendu sur ce point. — M. Dislère, président de la Com-

Pour éviter toute équivoque dans l'exécution de la
peine et afin de dissimuler une analogie de régime qui
pourrait être fâcheuse et une promiscuité qui ne serait
pas sans danger, le Conseil d'État a voulu que les territoires de transportation et de relégation fussent absolument distincts. (Art. 5, D. 26 nov. 1885.)

MESURES D'EXÉCUTION EN FRANCE.

L'article 12 de la loi du 27 mai 1885 a permis au pouvoir exécutif de faire subir aux relégués tout ou partie
de leur peine dans des pénitenciers spéciaux, véritables
écoles de relégation, qui seront légalement destinés à leur
servir de dépôt, après l'expiration de la peine et avant
leur départ pour les colonies. (Art. 15, *in fine,* du décret
du 26 novembre 1885.)

Ces pénitenciers n'existent encore, que je sache, que
sur le papier; aux termes de l'article 16 du décret du
26 novembre, la création et l'installation de chacun de
ces établissements, l'affectation des emplacements, bâtiments, domaines et terrains nécessaires sont ordonnés
par décret, sur l'avis du Conseil supérieur des prisons.

Ils relèvent exclusivement de l'autorité du Ministre de
l'intérieur, comme tous autres établissements pénitentiaires de la métropole.

Leur but est de préparer les relégués à la vie coloniale; on les soumet au travail dans les ateliers ou chantiers organisés en vue d'un apprentissage industriel ou
agricole.

---

mission de classement, nous apprend, dans son rapport (année 1888, *Journal
officiel* du 27 mars 1889, p. 1511 et s.), que pour le moment les sections
mobiles, au nombre de deux, ont été dirigées sur le domaine de la Ouaméni
(Nouvelle-Calédonie) ou au Haut-Maroni (Guyane).

On peut même, en vue d'une éventualité qui plus tard aux colonies pourra se produire, les répartir en groupes et en détachements pour l'emploi de leur main-d'œuvre. (Art. 15, D. 26 nov. 1885.)

Comment détermine-t-on ceux qui doivent entrer dans les pénitenciers spéciaux, et une fois dans ces pénitenciers comment y sont-ils classés?

C'est le Ministre de l'intérieur, après avis de son collègue de la justice, qui statue sur la situation des relégables, en ce qui concerne leur placement dans les pénitenciers spéciaux. (Art. 12, D. 26 nov. 1885.)

Une fois détenus dans ces pénitenciers, ils sont, par les soin du directeur, répartis en différentes classes, suivant leurs antécédents, leurs aptitudes et leur destination éventuelle.

Le régime intérieur est le même pour tous, quelle que soit la peine prononcée, plus ou moins de trois mois, plus ou moins d'un an d'emprisonnement, ou réclusion, les relégués vivant en commun. Toutefois, des règlements intérieurs tiendront compte, autant que faire se pourra, des différences de traitement qu'implique la nature de la peine. (Art. 17, D. 26 nov. 1885.) Il nous paraît assez difficile, étant donnée la vie commune du réclusionnaire ou du condamné à l'emprisonnement, que l'on puisse, même par règlement intérieur, établir des différences de traitement.

Quant aux condamnés aux travaux forcés, ils seront isolés et soumis dans les pénitenciers spéciaux à un régime particulier. (Art. 17, D. 26 nov. 1885.)

Les relégués qui peuvent être placés dans des pénitenciers spéciaux, outre ceux que le gouvernement peut y envoyer pour subir leur peine, sont: les libérés qui attendent l'heure du départ, ceux qui pour un motif ou pour un autre ne peuvent encore être relégués, notamment parce que l'autorité est saisie d'une demande en dispense ou qu'une dispense provisoire leur a été accordée. (Art. 18, D. 26 nov. 1885.)

Les relégués ainsi maintenus au dépôt sont astreints aux conditions de discipline et de travail de l'établissement où ils sont placés, mais les conditions diffèrent de celles imposées à ceux qui accomplissent leur peine comme relégables. (Art. 19, D. 26 nov. 1885.) Ils ont droit à un salaire pris sur le produit de leur travail, déduction faite au plus d'un tiers du bénéfice, employé à solder les dépenses qu'ils peuvent occasionner.

A côté des pénitenciers spéciaux qui n'existent encore que dans des textes de loi ou des règlements, il faut placer les établissements pénitentiaires ordinaires que dans sa prévoyance pour assurer l'exécution de la loi de 1885 le Conseil d'État a destinés aux mêmes usages. Ainsi, au gré du Ministre de l'intérieur, les relégables peuvent demeurer dans les établissements spéciaux, être formés à la vie coloniale. Des décisions ministérielles suffisent pour déterminer les mesures à prendre. De même ces établissements pénitentiaires ordinaires peuvent servir de lieu de dépôt avant la transportation, ou pendant que l'on examine les demandes de dispense, ou pendant la durée des dispenses. Comme dans les pénitenciers spéciaux, les relégables ont droit à des bénéfices sur leurs travaux, dans les mêmes conditions que s'ils étaient placés dans des pénitenciers.

L'article 20 du décret dispose qu'il sera créé des pénitenciers spéciaux pour les femmes, dans lesquels la discipline, le régime et les travaux seront appropriés à leur situation.

Ainsi que nous l'avons vu sous l'article 12 de la loi du 27 mai, il est laissé au gouvernement la faculté de devancer, avant l'expiration de leur peine, l'époque du transfèrement aux colonies des relégables. Le décret du 26 nov. 1885 détermine quelles autorités statuent sur ce départ anticipé. C'est le Ministre de l'intérieur qui l'autorise, après avis conforme de ses collègues de la justice et de la marine.

Le Ministre de la marine, une fois qu'il est officiellement informé des décisions concernant les relégués, statue sur le choix de la colonie où ils seront envoyés. (Art. 23, D. 26 nov. 1885.) Ces décisions sont notifiées aux condamnés. (Art. 24, D. 26 nov. 1885.)

Les opérations et les époques d'embarquement sont fixées de concert entre les divers Ministres chargés de l'exécution de la loi. (Art. 25, D. 26 nov. 1885.)

L'article 26 décide que chaque année le Ministre de la marine doit adresser au Ministre de l'intérieur des renseignements pour chacune des colonies ou possessions françaises, qui permettent d'établir les offres et besoins de travail qui se produisent, ainsi que le nombre et les catégories de relégués qui peuvent trouver emploi dans les services, ateliers, chantiers publics ou particuliers.

Il semble, au premier abord, que cette disposition soit inutile ou du moins ne contienne que des mesures de pure convenance ayant pour but de tenir au courant le ministère de l'intérieur de ce qui se passe aux colonies relativement à l'exécution des peines. Il ne faut pourtant point perdre de vue que le ministère de l'intérieur seul est chargé, en France, de statuer sur le classement et la destination des relégués, soit dans les pénitenciers spéciaux, soit dans les établissements ordinaires. Il est

donc nécessaire qu'il puisse être informé pour opérer un
classement utile et préparer avantageusement les relégables en vue de leur vie coloniale, des besoins des colonies et de la nature des ateliers et chantiers qui man-
quent d'ouvriers. Pour éviter autant que possible les
inconvénients qui pouvaient résulter de ce dualisme
d'autorités chargées de l'exécution des peines, il fallait
bien que la marine, absolue maîtresse aux colonies,
pût tenir au courant le ministre de l'intérieur, absolu
maître en France, de ce qui se passait là-bas. L'article 26
est appelé à éviter des conflits ; il n'en est pas moins vrai
que si les conflits en droit semblent impossibles, en fait
ils peuvent bien se produire. Aussi croyons-nous qu'au
lieu de multiplier les autorités chargées d'exécuter la loi
de 1885, il eût été infiniment préférable de laisser au
Ministre de la marine seul, en France comme aux colonies, le droit et les moyens de faire exécuter les peines
principales et accessoires. Si le Ministre de l'intérieur a
sa part dans l'exécution de la loi, la raison en est qu'il y
a une peine principale à faire purger, et que cette peine
doit être subie en France, avant la peine accessoire de la
relégation qui est subie à l'étranger. Il eût cependant
bien mieux valu pour assurer l'exécution satisfaisante de
la loi, faire en matière de relégation une exception, et
puisque l'on créait des pénitenciers spéciaux, décider que
les relégables y seraient tous envoyés, que là s'exécuterait
la peine principale, que là ils seraient maintenus au dépôt
s'il y avait lieu, et que là ils seraient régis par une autorité unique, l'autorité du Ministre de la marine. Ces
ententes qui doivent exister entre les différents ministères,
ces avis qui doivent être pris de l'un à l'autre, ou bien ne
seront que de simples formalités encombrantes et éner-

vantes ou bien au contraire seront de nature à créer entre les diverses directions des conflits qui seront autant de pierres d'achoppement pour entraver l'exécution intelligente et rapide de la loi du 27 mai 1885.

MESURES D'EXÉCUTION AUX COLONIES

Nous avons déjà fait connaître que les relégables pouvaient être envoyés aux colonies, soit au cours de leur peine principale, soit postérieurement à son expiration. Ceux qui ont subi leur peine sont dits, pendant le transfèrement, en état de dépôt, et soumis à des règlements spéciaux pris par le Ministre de la marine. (Art. 27, D. 26 nov. 1885.)

Ce même article indique que pour ceux qui sont transférés en cours de châtiment, le temps de la traversée leur est compté comme accomplissement de la peine : il ne fait que consacrer le droit commun.

Aux colonies, deux sortes d'établissements sont créés : les uns sont appelés établissements de préparation, par rapport à ceux que nous nommerons établissements définitifs.

Les établissements de préparation ou d'arrivée, qui, en réalité, ne sont que des dépôts analogues à ceux qui fonctionnent à la métropole, reçoivent les relégués collectifs pour une période d'épreuve et d'instruction. Ceux-ci sont classés dans des ateliers, chantiers et exploitations où ils sont formés soit à la culture, soit à l'exercice d'un métier ou d'une profession, en vue des engagements de travail, ou de service à contracter, ou des concessions de terre à obtenir, selon leurs aptitudes ou leur conduite. (Art. 31, D. 26 nov. 1885.)

Un décret du 5 septembre 1887 s'occupe de l'organisation de ces dépôts :

Ils comprennent quartier des relégués, hôpital, locaux disciplinaires, magasins, école.

Dès leur arrivée, les relégués y sont immatriculés sur des contrôles spéciaux avec tous les renseignements fournis par les notices individuelles qui les accompagnent, sur leur état civil, leur signalement, leur situation de famille, leurs antécédents, les avis de la Commission spéciale, du parquet, du préfet et du directeur de la maison pénitentiaire, de la Commission médicale.

Les relégués au dépôt ont un costume uniforme ; ils sont responsables des détériorations arrivées contrairement aux arrêtés réglementaires, qui prévoient la durée des effets ou objets mis à leur disposition, si d'ailleurs il y a eu faute de leur part ; auquel cas, il est pris sur leur pécule ou leur travail futur de quoi réparer le préjudice.

Les relégués qui quittent le dépôt parce qu'ils sont admis à la relégation individuelle, peuvent emporter leur trousseau, sac, hamac, couverture, à condition d'en rembourser la valeur. Si, au contraire, le relégué individuel est réintégré à la relégation collective, il lui est tenu compte de ce qu'il apporte.

C'est le gouverneur qui, par des arrêtés, détermine le régime d'alimentation de ces établissements ; il est loisible au relégué, moyennant rétribution, d'obtenir une amélioration de son ordinaire.

Une fois la période d'épreuve ou d'instruction terminée dans ces établissements de dépôt, les relégués sont envoyés dans des établissements de travail, ateliers, chantiers de travaux publics, exploitations forestières, agricoles ou minières et classés autant que possible d'après leurs aptitudes, leurs connaissances, leur âge, leur santé.

S'ils ne se reconnaissent pas suffisamment aptes à figurer dans ces établissements, ils peuvent, sur une demande qu'ils adressent à l'autorité, revenir dans les établissements d'arrivée, pour une nouvelle période d'instruction. (Art. 32, D. 26 nov. 1885.)

Les établissements publics ne sont pas les seuls où les relégués peuvent être admis et placés : sur autorisation du gouverneur, et sous diverses conditions fixées par lui dans des règlements communiqués aux ministères de la marine, de la justice et de l'intérieur, des établissements particuliers peuvent être assimilés aux établissements publics. Dans ces établissements, exploitations ou domaines privés peuvent, par suite, être dirigés des groupes ou détachements de relégués. Ceux-ci sont placés sous la surveillance de l'État, et soumis au même régime disciplinaire que dans les établissements publics. (Art. 33, D. 26 nov. 1885.)

Les relégués collectifs reçoivent une rémunération à raison du travail qu'ils fournissent ; une retenue destinée à couvrir leurs frais d'entretien est opérée sur leurs bénéfices, mais elle ne peut dépasser le tiers de ce qu'ils gagnent. (Art. 35, D. 26 nov. 1885.) C'est le gouverneur qui fixe, par arrêtés soumis à l'approbation ministérielle, le taux des salaires et des retenues. (Art. 4, D. 5 sept. 1887.)

Non seulement les relégués à titre collectif peuvent travailler par groupes ou détachements au profit des particuliers, mais il leur est encore permis de recevoir du dehors des offres d'occupation et d'emploi, et de quitter l'établissement public en justifiant d'engagement de travail ou de service.

Ils peuvent même être admis à bénéficier de concessions de terre.

Il faut, bien entendu, pour qu'il soit dérogé dans ces deux cas au régime de la relégation collective, que les relégués qui en jouissent aient fait preuve d'une bonne conduite et de sérieuses aptitudes. (Art. 36, D. 26 nov. 1885.)

Ce régime, qui se rapproche de celui de la relégation individuelle, ne donne point à ceux qui en profitent les avantages attachés à celle-ci. Il faut nécessairement pour être considéré et traité comme relégué à titre individuel, avoir, après une demande formée conformément à l'article 9 du décret, obtenu le bénéfice de la relégation individuelle.

Toutes les mesures plus haut indiquées, relatives au classement des relégués dans les établissements d'arrivée ou de dépôt, dans les établissements publics de travail, les décisions relatives au placement par groupes ou individuel des relégués dans des établissements privés, etc., ne peuvent être prises qu'après avis des Commissions instituées par les articles 7 et 8 de la loi. (Art. 39, D. 26 nov. 1885.)

Il est permis de se demander comment pourra statuer en connaissance de cause la Commission qui siège à la métropole, relativement à toutes ces mesures, qui ne peuvent être prises qu'aux colonies. S'il faut avant de placer un relégué ou un groupe de relégués dans un établissement privé, demander et obtenir l'avis de la Commission de classement qui tient audience à Paris, que de retard cela n'apportera-t-il pas ! Pourquoi n'avoir pas uniquement réservé à la Commission de classement des colonies le droit de donner son avis dans tous les cas? Le Conseil d'État n'a pas cru devoir le faire, et dans l'article 39 du décret, il est formellement indiqué que les Commissions, instituées par les articles 7 et 8, etc., statueraient sur les diverses situations des relégués, aux cas prévus par les articles 31 à 36.

Aucune des mesures prévues aux articles précités ne pourra être prise sans qu'au préalable le Conseil d'hygiène et de santé n'ait lui-même formulé son avis. (Art. 39, D. 26 nov. 1885.)

L'article 37 du même décret indique que les peines prononcées contre des relégués aux colonies seront subies dans des établissements spéciaux et qu'aucun contact ne pourra exister entre eux, ni avec la population, ni avec les relégués non condamnés.

L'article 38 interdit les châtiments corporels.

Enfin, l'article 40 dispose que les relégués auront le droit d'adresser des réclamations aux autorités administratives ou judiciaires sous pli fermé, par l'intermédiaire des fonctionnaires chargés du service de la relégation, qui devront les faire parvenir sans retard à qui de droit.

DE L'ORGANISATION DES GROUPES OU DÉTACHEMENTS DE RELÉGUÉS COLLECTIFS

Un décret du 18 février 1888 détermine les règles de l'organisation des groupes ou détachements de relégués collectifs.

Ces groupes, ou détachements appelés *sections mobiles*, sont composés de relégués choisis parmi les plus vigoureux et présentant des garanties de bonne conduite. Les relégués sont classés après avis des commissions de classement instituées par les articles 7, 8 du décret réglementaire du 26 novembre 1885.

Les dépenses qu'ils occasionnent sont supportées par les services publics ou les particuliers qui les emploient, dans une proportion déterminée pour chaque colonie par arrêté du Ministre de la marine.

Leur travail est salarié et ils sont soumis au régime disciplinaire des relégués collectifs. Cependant les peines sont réduites de moitié. Elles sont prononcées par le chef de détachement, sauf le cachot que le délégué de la marine dans chaque section a seul le droit d'infliger.

L'article 7 du décret du 18 février 1888 décide que les relégués en sections mobiles ne peuvent être placés dans les quartiers de punition.

Ceux qui se font remarquer par leur bonne conduite peuvent obtenir certaines faveurs qui leur facilitent l'accès de la relégation individuelle. Ainsi, il leur est permis de sortir du cantonnement en dehors des heures de travail, de chercher des engagements au dehors, etc., etc.

D'autre part, ceux dont la conduite laisse à désirer parce qu'ils auront dans l'intervalle d'une année mérité certaines peines, peuvent, sur l'ordre du gouverneur, après avis du chef de détachement et de la Commission de classement des colonies, être renvoyés dans des établissements de relégation collective. En attendant la décision définitive, lente à intervenir à cause des retards forcément apportés par la consultation d'autorités nombreuses, le gouverneur peut le détenir dans un lieu qu'il désigne.

Tout relégué des sections mobiles qui disparaît est censé évadé vingt-quatre heures après la constatation de sa disparition.

DISCIPLINE DES RELÉGUÉS COLLECTIFS

La discipline des relégués collectifs est réglementée par le décret du 22 août 1887, et s'applique aussi bien à ceux qui sont placés dans des établissements préparatoires ou de dépôt qu'à ceux qui sont admis définitivement dans les chantiers, entreprises ou ateliers. Elle diffère de celle à laquelle sont astreints les relégués des sections mobiles, qui, nous l'avons dit, sont moins rigoureuses quant à leur taux.

L'article 2, D. 22 août 1887 énumère les causes de punition :

Détention d'argent ou valeurs quelconques. — Inconvenances, insolences envers les chefs. — Mutinerie ou rébellion. — Larcins. — Paresse ou mauvaise volonté. — Refus d'obéir ou de travailler. — Ivresse, rixes, violences. — Lacération d'effets réglementaires. — Actes d'immoralité. — Jeu d'argent. — Infractions aux règlements.

L'article 3 fait connaître la sanction réservée aux manquements à la discipline.

Interdiction de supplément de nourriture à la cantine. — Privation de salaire ne pouvant dépasser le tiers. — Prison de nuit. — Cellule. — Cachot.

L'article 4 indique le maximum que chaque peine ne doit pas dépasser.

Pour une faute unique, le maximum de chacune des peines prévues à l'article 3 ne peut dépasser un mois, sauf pour le cachot dont la limite est quinze jours.

En cas de nouvelle infraction dans les trois mois, ce maximum peut être porté au double.

Les punitions de cellule ou de cachot entraînent avec elles un régime plus sévère : lit de camp, isolement absolu, promenade d'une heure matin et soir, sous la surveillance de gardiens, travail déterminé, privation du pécule disponible.

En cas d'inconduite, ce régime peut encore être aggravé de la suppression de salaire et de l'interdiction de communiquer en dehors des règlements. (Art. 40, D. 26 nov. 1885.)

En cellule, la nourriture consiste en pain sec un jour sur trois; au cachot, deux jours sur trois. Il est vrai que la ration ordinaire peut être augmentée. Le pain à discrétion ! (Art. 5, 6, D. 22 août 1887.)

Par qui les punitions sont-elles infligées?

Les surveillants qui ne sont point en même temps chefs de dépôt, n'ont point le droit de punir : en cas de faute grave, ils peuvent mettre les délinquants en prison préventive. Leur pouvoir se borne à faire des rapports. (Art. 9, D. 22 août 1887.)

Les peines ne sont point toutes infligées par la même autorité.

S'agit-il de l'interdiction de supplément de nourriture à la cantine? Les chefs de dépôt sont compétents pour la prononcer.

Toutes les autres punitions prévues sont infligées par une commission disciplinaire spéciale. (Art. 7 et 8, D. 22 août 1887.)

Les punitions figurent au livret du relégué. (Art. 10, D. 22 août 1887.)

La Commission disciplinaire dans chaque dépôt est ainsi composée. Le fonctionnaire chargé du commandement supérieur, président, avec deux assesseurs pris parmi les employés de l'administration pénitentiaire et désignés par le directeur. Un surveillant militaire remplit les fonctions de greffier. Le ministère public a été oublié. Ses fonctions se cumulent avec celles du président, qui reçoit tous procès-verbaux, rapports ou plaintes concernant des faits dont la Commission doit connaître. Ce président, juge et ministère public, qui arrive avec une opinion nécessairement faite, n'offre peut-être point toute garantie d'impartialité. Étant donné qu'il appartient par ses fonctions mêmes à l'administration pénitentiaire, comme ses assesseurs, dont il est le supérieur, il est à craindre que son opinion prévale le plus souvent.

Le relégué est informé du jour de sa comparution devant ses juges; là, peuvent être entendus des témoins, ainsi que l'intéressé dans ses explications. C'est une véritable audience correctionnelle, dont la police appartient au président.

La Commission disciplinaire se réunit toutes les semaines; elle ne statue pas seulement sur la répression des infractions, mais aussi sur les demandes de remise ou réduction de peine. Peut-être eût-il été préférable de ne point donner au tribunal qui a infligé le châtiment le droit de le remettre ou de le réduire. Cette espèce de droit de grâce dont on investit la Commission elle-même, qui a puni, pourrait n'être exercé dans bien des cas que d'une manière illusoire.

Si les relégués ont quelques réclamations à élever, ils peuvent en saisir la Commission, qui donne son avis, et transmet les pièces au directeur de l'administration pénitentiaire. (Art. 11, 12, 13, 14, 15, D. 22 août 1887.)

Il existe enfin, pour les relégués incorrigibles des divers dépôts et chantiers de relégation, un quartier dit de punition. C'est la Commission disciplinaire de chaque dépôt qui statue sur l'envoi des relégués dans le quartier de punition, et en fixe la durée qui ne peut être supérieure à quatre mois. Le directeur de ces quartiers peut, avant l'expiration de la peine, renvoyer le relégué dans les chantiers et dépôts. (Art. 16, même décret.)

A leur arrivée au quartier, les relégués sont répartis dans les prisons communes munies de lits de camp et de bancs de justice. (Art. 17, D. 22 août 1887.)

Ils sont astreints au travail et doivent, à moins de communication indispensable et relative uniquement à leur occupation, observer jour et nuit le silence le plus absolu. (Art. 19, 20, D. 22 août 1887.)

Les punitions, toutes prononcées par la Commission disciplinaire, sont : la privation de promenade, pouvant varier de deux à huit jours ; la cellule à boucle simple, de deux jours à un mois ; le cachot à double boucle, de huit jours à un mois ; prolongation de séjour au quartier, de quinze jours à quatre mois. (Art. 21, 22, D. 22 août 1887.)

Les relégués au quartier de punition sont sous la surveillance de gardiens dépendant du chef de dépôt dans lequel est établi le quartier. (Art. 18, D. 22 août 1887.)

Un médecin désigné par le gouverneur doit, tous les quinze jours, visiter les relégués punis de cellule, cachot ou quartier de punition.

Un rapport est dressé et envoyé au gouverneur par le commandant supérieur du quartier et le directeur de l'administration pénitentiaire.

RÈGLES COMMUNES A LA RELÉGATION INDIVIDUELLE
ET A LA RELÉGATION COLLECTIVE.

Au point de vue de l'exécution de la peine principale, les relégués, qu'ils jouissent ou non du bénéfice de la relégation individuelle, sont traités sur le même pied. Les uns et les autres, au moins quand la peine principale est subie en France, doivent être séparés des condamnés qui ne sont pas soumis à la relégation.

Une autre règle également applicable aux deux catégories de relégués est relative aux dispenses. Les relégués peuvent être dispensés de la relégation. Voilà certainement une disposition de nature à surprendre! Comment, une décision judiciaire a prononcé une peine, il y a chose jugée; cette peine doit être subie, à moins, cependant, qu'un recours en grâce vienne en modifier la durée ou en dispenser absolument le condamné; or, ce sera l'autorité administrative, un conseil d'hygiène qui, en présence d'un arrêt définitif, déchargera de la relégation! La loi du 27 mai consacrait une innovation analogue en donnant à l'autorité judiciaire le droit d'examiner une demande en remise de la relégation formée par un condamné en cours de peine. Nous avons mentionné cette innovation regrettable au point de vue des principes : mais, en somme, elle émanait du pouvoir législatif. Suivant pareil exemple, le pouvoir exécutif, dans un décret, pour atténuer ou modifier dans certains cas (c'est son excuse) ce que l'exécution de la peine peut avoir d'inhumain, décide que de la chose jugée il n'a cure, et qu'une Commission pourra, dans certaines hypothèses, dispenser de la relégation.

Cette mesure est encore plus fâcheuse que celle que nous avons déjà eu l'occasion de signaler.

La dispense est provisoire ou définitive : si elle est provisoire, ce n'est, en réalité, qu'un sursis dans l'exécution qui est accordé; ici, pas d'innovation; cette dispense ne peut dépasser un an et n'est susceptible d'être renouvelée qu'une seule fois.

C'est lorsque la dispense est accordée à titre définitif que l'on heurte de front les principes du droit.

La dispense provisoire est accordée par le Ministre de l'intérieur, sur le rapport du directeur de l'établissement ou de la circonscription pénitentiaire et après avis des médecins en cas de maladie ou d'infirmité.

La dispense à titre définitif n'est accordée qu'après instruction spéciale, conformément à la procédure prévue par l'article 6, pour l'admission à la relégation individuelle et sur avis de la Commission de classement instituée par l'article 7. (Art. 11, D. 26 nov. 1885.)

Les successions et biens vacants des relégués sont régis comme ceux des transportés. Un décret du 11 juillet 1887 dispose que les règles du décret du 4 septembre 1879, relatives à la curatelle des transportés, seront applicables aux relégués. L'administration pénitentiaire a donc de droit la curatelle des biens vacants des relégués. C'est le gouverneur qui, d'office, désigne le fonctionnaire qui doit exercer les fonctions de curateur.

Les relégués peuvent contracter mariage : les formalités de célébration sont simplifiées par le décret du 11 novembre 1887, qui les dispense de se conformer aux obligations prescrites par les articles 151-152-153 du Code Civil relatives aux publications.

Le même décret dispose que les publications faites aux

colonies suffiront, alors même que les relégués n'y auraient pas un séjour de six mois.

Enfin, les actes d'état civil exigés par le Code pour être joints aux pièces peuvent être remplacés soit par un extrait de la feuille matriculaire, soit par un acte de notoriété ou toute autre pièce jugée suffisante par le gouverneur.

Ces dérogations aux règles communes, qui eussent peut-être exigé un acte du pouvoir législatif pour revêtir un caractère légal, s'expliquent d'elles-mêmes. Il est clair que si l'on eût demandé pour les mariages aux colonies les formalités requises en France, ç'eût été apporter à l'acte même un retard de plusieurs mois. Ajoutons que le gouvernement n'a fait, pour les relégués, que se conformer aux précédents en matière de transportation. Un décret identique du 24 mars 1866 contient, en substance, les mêmes dispositions.

COMPARAISON DES RÉGIMES DE LA RELÉGATION
ET DE LA TRANSPORTATION

Il n'est pas sans intérêt, maintenant que nous avons exposé les règles auxquelles sont soumis les relégués à titre collectif ou individuel, de rechercher les analogies et les différences qui peuvent exister entre le régime des transportés et le leur. Les publicistes et certains membres du parlement, lors de la discussion de la loi, aujourd'hui encore à la barre, des avocats, se sont élevés et s'élèvent chaque jour contre la rigueur de la peine de la relégation, qui n'est autre qu'un mode spécial de transportation; il est injuste, inhumain, cruel même de frapper d'une peine perpétuelle de petits délinquants inoffensifs qui, au lendemain de leur châtiment principal, vont subir le traitement et la discipline de fer des forçats. Ces réclamations, à coup sûr sincères, dictées par des sentiments d'humanité, contiennent cependant au fond quelque chose de vrai ; elles sont, en réalité, empreintes d'exagération, mais nous verrons qu'une partie des relégués est soumise, en effet, à un régime identique à celui de beaucoup de forçats.

Un rapide exposé des dispositions principales de la loi du 30 mai 1854 et du décret du 18 juin 1880 rendra la comparaison bien facile, et dissipera ou plutôt calmera toute inquiétude.

La loi du 30 mai 1854 qui substitue aux bagnes la transportation des forçats, dispose que les condamnés à huit années resteront aux colonies jusqu'à la fin de leur vie; au-dessous de ce taux, le séjour au lieu d'exécution de la peine est d'une durée égale au châtiment subi.

Il faut donc distinguer entre les régimes, celui des condamnés en cours de peine et celui des libérés astreints au séjour.

Les condamnés en cours de peine (art. 2 et 3, loi du 30 mai 1854) sont employés aux travaux les plus pénibles de colonisation ou d'utilité publique; par mesure de sûreté, ils peuvent être enchaînés deux à deux et assujettis au boulet.

S'ils se conduisent bien, ils peuvent obtenir l'autorisation de travailler aux conditions déterminées par les règlements, soit pour les particuliers, soit pour les administrations locales.

On peut également les autoriser provisoirement à cultiver pour leur propre compte une concession de terrain, qui pourra devenir définitive à l'expiration de leur peine.

Les condamnés aux travaux forcés étant sous le coup de l'interdiction légale, peuvent être relevés, par le gouvernement, de certaines déchéances qui les frappent.

Les libérés reçoivent des concessions provisoires ou définitives ; ces dispositions, très générales, très vagues, seront plus tard nettement définies par le décret de 1880.

Les libérés ressemblent en tous points aux relégués individuels. Ils jouissent du droit commun sur le territoire colonial, à condition de se conformer à certains règlements de police.

Il est d'ailleurs d'un mince intérêt de s'occuper de la relégation individuelle; c'est un régime d'exception, quoi qu'on dise; le droit commun, le *plerumque fit*, c'est la relégation collective.

Les relégués à titre collectif, soumis, ainsi que nous l'avons étudié, à des obligations de travail déterminées par les règlements et à une discipline sévère, sont ceux qu'il nous faut comparer, non pas avec les libérés astreints à la résidence, mais avec les forçats en cours de peine.

Ici il n'est pas inutile de faire remarquer combien l'attente du législateur a été trompée par les règlements intervenus. Peut-être qu'exécutée comme elle l'a été, la loi eût été difficilement votée, car les décrets qui l'ont suivie laissent subsister, en partie du moins, les objections faites par certains sénateurs ou députés qui refusaient l'assimilation des relégués aux forçats! Le gouvernement, en la sagesse duquel le parlement avait confiance, fit au mieux, et, voulant concilier toutes les opinions, s'attacha à rendre la relégation aussi différente que possible du régime de la transportation. C'est dans ce but qu'il créait la relégation individuelle et la rélégation collective. La première est un régime, de droit commun et de liberté, la seconde un régime d'exception et de discipline ; mais c'est dans cette seconde catégorie que va être comprise la grande masse de relégués; or, leur régime ne va-t-il pas être un peu celui des forçats en cours de peine ! et peut-on dire que le gouvernement, qui n'a pourtant fait que ce qu'il était possible de faire, a suivi le vœu du législateur!

Il était aisé de s'écrier à la Chambre avec MM. de Mun et Freppel, au Sénat avec MM. Buffet et Béranger, qu'avec le projet de loi c'en était fait de l'ordre des juridictions, qu'on allait punir comme des forçats des délinquants correctionnels, etc., etc., il était plus difficile en pratique de concilier la théorie et la sécurité publique. M. de Verninac, rapporteur au Sénat, avait répondu à ces objections complexes par ces mots: « Il ne s'agit pas ici d'appliquer » aux récidivistes la loi du 30 mai 1854; cette loi a eu » pour but de transporter, loin du territoire continental » de France, les bagnes qui étaient pour tous un objet de » scandale et d'horreur. Elle assujettit en outre, à la » résidence à perpétuité ou à temps dans une colonie loin- » taine, les libérés après leur peine subie. C'est à ces » libérés, non aux forçats, que les récidivistes frappés par » notre loi peuvent être assimilés. Elle les exclut du ter- » ritoire de la métropole, les interne dans une colonie » avec obligation de n'en pas sortir, mais à cette condi- ». tion ils resteront libres sous la seule réserve des mesures » d'ordre et de police que le gouvernement aura le droit » et le devoir de prendre pour empêcher que cette liberté, ». dégénérant en licence, ne devienne un danger pour les » colons libres et ne trouble la sécurité de tous. Ce n'est » plus le bagne, c'est l'exil; et pour mieux différencier

» même dans les mots ces deux situations, nous n'avons
» pas hésité à adopter après la Chambre des députés
» l'appellation nouvelle de *relégation*, comme exprimant
» d'une façon plus nette la nouveauté qu'il s'agit d'intro-
» duire dans notre droit pénal. »

Les dispositions réglementaires sont loin, on le voit,
d'avoir répondu au vœu du législateur [1]. Quoi qu'il en
soit, à moins d'inscrire au grand livre des rentes pour
assurer aux relégués aux colonies une existence heureuse
et large, nous pensons que le gouvernement ne pouvait
faire autrement qu'il a fait; autre chose est de formuler
un vœu, autre chose de le réaliser : que fussent devenues
les colonies si on les eût peuplées de condamnés sans
profession, sans ressources, prêts à inaugurer au loin,
peut-être avec le succès que donne l'union et la force, de
véritables campagnes de déprédations!

Le gouvernement n'était-il point d'ailleurs éclairé par
l'expérience? Il n'ignorait pas qu'il existe aux colonies
pénitentiaires une question sociale d'un genre nouveau,
inquiétante elle aussi pour l'avenir de ces colonies, la
question des libérés; en rendant exécutoire la loi du
27 mai 1885, il devait chercher à éviter un écueil qui
préoccupe aujourd'hui l'administration.

Le nombre des libérés astreints à la résidence, soit définitive, soit temporaire, menace de devenir une source de
difficultés dans un avenir qui n'est point éloigné, soit à la
Guyane, soit à la Nouvelle-Calédonie. Nous lisons, en

---

[1] Le Conseil d'État, en créant la relégation individuelle, obéissait évidemment aux préoccupations du législateur et se conformait à la pensée de M. de
Verninac, qui voulait que le régime des forçats libérés et des relégués fût
identique. Mais cette création, tout heureuse qu'elle fût, était-elle pratique?
Trois ans d'expérience ont suffi pour démontrer le contraire, puisqu'on
renonce aujourd'hui en fait à la relégation individuelle. (Voir la note p. 163.)

effet, dans le rapport adressé le 18 janvier 1887 à M. le sous-secrétaire d'État aux colonies, les lignes suivantes : « L'accroissement du nombre des libérés doit attirer » l'attention du département. Ces individus, qui se trou- » vent au nombre de près de trois mille dans la colonie » (Nouvelle-Calédonie), ne constituent pas encore un » danger réel pour la colonisation libre ainsi qu'on s'est » plu à le répéter souvent, mais l'administration péni- » tentiaire doit, néanmoins, se préoccuper de leur assurer » du travail si on ne veut pas les voir retomber à la charge » de l'État (1). » Voilà pour la Nouvelle-Calédonie. Et pour la Guyane, la situation est à peu près la même. « La » situation des libérés, moins difficile à la Guyane qu'à la » Nouvelle-Calédonie, doit, néanmoins, nous préoccuper. » Le condamné, au moment de sa libération, peut ou » devenir concessionnaire avec tous les avantages accordés » par l'administration, ou s'engager chez les habitants. » Mais la plus grande partie de ces hommes est réfractaire » à toute idée de colonisation. En effet, sur mille cent » quatre-vingt-six libérés présents dans la colonie en 1884, » cent quarante-deux seulement sont concessionnaires. » Les Arabes, surtout, n'aspirent qu'à retourner dans » leur pays.... Pourtant la Guyane, plus que toute autre » colonie, présente des ressources nombreuses et variées. » Plus que partout ailleurs, les libérés pourraient, au prix » de quelques efforts, se créer des moyens d'existence, et » le succès qui a couronné le travail de quelques-uns en » est la preuve la plus évidente. Dans un pays où les bras » font complètement défaut, où la population appelle de

---

(1) *Notice sur la transportation à la Guyane française et à la Nouvelle-Calédonie pour l'année 1884*, p. 49.

» tous ses vœux l'immigration, les libérés ne devraient
» pas chômer, et néanmoins ils encombrent les péniten-
» ciers (¹). »

Il ne fallait pas, avec les nouveaux relégués, s'exposer
à augmenter les difficultés déjà nées, difficultés qui, à
cause du nombre de ces condamnés, pouvaient devenir
beaucoup plus sérieuses. La liberté absolue ne pouvait
être accordée à la majeure partie des relégués, encore
moins qu'aux libérés. Aux uns comme aux autres, cette
liberté eût pesé, les relégués libres, comme les libérés
n'eussent pas manqué d'encombrer les lieux de refuges,
hôpitaux et pénitenciers qui servent d'asile à ces invalides
du crime et de la misère (²)!

Il fallait, à ces masses dangereuses, une réglementation
et une discipline; il nous reste à voir si les relégués collectifs, ces forçats d'un nouveau genre sans en avoir le
nom, sont de tous points assimilables aux vrais forçats et
si le vœu du législateur a été mis complètement à l'écart;
le décret du 4 juin 1880, rendu en exécution de l'article 14
de la loi du 30 mai 1854, nous aidera à résoudre la
question.

Ce décret distingue cinq classes de condamnés aux
travaux forcés, répartis dans chacune d'elles suivant leur
conduite.

La première comprend les hommes les mieux notés.
Ceux-ci peuvent demander et obtenir des concessions de
terrain.

Ils peuvent également travailler pour le compte des

(¹) *Notice sur la transportation à la Guyane française et à la Nouvelle-
Calédonie pour 1884*, p. 39.
(²) *Ibid.*, p. 40-50.

particuliers et même comme chefs de chantiers pour le compte de l'État, avec maximum de salaire.

La seconde classe comprend ceux moins bien notés; ils sont employés aux travaux agricoles du service pénitentiaire et aux travaux publics coloniaux, avec salaire moins élevé que pour la première classe.

Les condamnés de la troisième classe ne reçoivent de salaire que très exceptionnellement, à titre de récompense, et ne sont employés qu'aux travaux publics; les exploitations agricoles demeurant réservées à la seconde classe.

Les condamnés de la quatrième classe sont astreints aux travaux les plus pénibles et privés de salaires. A titre de récompense ils peuvent seulement recevoir, deux fois par semaine, ration de tafia, vin et tabac; ils doivent être silencieux et sont isolés la nuit.

Ceux de la cinquième classe sont soumis au même régime, sans jamais recevoir de récompense.

Il dépend du gouverneur de faire passer un condamné d'une classe dans une autre.

Ce décret de 1880 ne fait que réglementer l'application de la loi de 1854.

A quelles classes peut-on assimiler les relégués?

Il est certain que si l'on voulait établir une comparaison quelconque entre le relégué à titre collectif, employé dans les établissements ou ateliers créés pour l'exécution même de la loi du 27 mai 1885, ce relégué qui composera la grande majorité et le forçat de la première classe, elle serait peut-être bien à l'avantage de ce dernier sous le rapport du bien-être. On ne peut guère établir entre ces deux sortes de condamnés de parallèle quelconque, alors même que le relégué collectif, par suite de sa bonne conduite, soit qu'il travaille dans les sections mobiles, soit qu'il ait été placé dans les ateliers privés, a obtenu les faveurs qui l'acheminent au bénéfice de la relégation individuelle, a été autorisé à travailler au dehors et même a pu obtenir une concession de terrain.

Dans cette situation, que l'on peut considérer comme privilégiée, le relégué ne jouira pas de certains avantages concédés au forçat, celui-ci pouvant être appelé à diriger des ateliers ou chantiers de l'État et à recevoir le maximum de salaire; et alors se pose une question. Un forçat purge sa peine et est appelé à subir, à l'expiration, la relégation. Il est de première classe, jouit du privilège d'être chef de chantier; à l'expiration de son temps il est soumis à la relégation; se verra-t-il infliger un régime plus sévère? Il est certain que cela peut paraître bizarre, mais cela est! Cependant, il ne faut pas s'émouvoir d'un résultat qu'il est facile à la Commission de classement d'éviter, en admettant le condamné à la relégation individuelle.

La majeure partie des relégués pourra être assimilée aux forçats de la deuxième classe, ceux qui, moyennant salaire moins élevé, sont employés aux travaux agricoles ou aux travaux publics pour le compte de l'État ou des colonies; la différence n'existe que dans la nature du travail et des chantiers. Les relégués travaillent dans des établissements, ateliers, etc., créés à l'effet de les occuper; les forçats sont employés à des travaux publics; le travail de ceux-ci est pénible, c'est la loi de 1854 qui le dit; celui des relégués ne doit être ni pénible ni dangereux, c'est le vœu du législateur de 1885. S'ils sont employés en sections mobiles, soit pour le compte de l'État, soit pour celui des particuliers, le régime est encore moins dur, puisque la section mobile est pour ainsi dire un degré supérieur dans la hiérarchie de la relégation. La différence entre le transporté de deuxième classe et le relégué est donc capitale.

Voilà où s'arrêtent les ressemblances; on le voit, si le relégué le plus sévèrement traité est comparé aux forçats, c'est au forçat de la deuxième classe; encore le régime de ce dernier est-il singulièrement plus rigoureux.

Il est inutile dès lors de rechercher si quelque analogie peut exister avec les régimes des forçats des troisième, quatrième, cinquième classes, qui se trouvent beaucoup plus durs que celui des deux premières.

C'est ici le moment de montrer, à l'aide de documents de statistique, si la majeure partie des relégués aura le sort de la majeure partie des forçats.

Nous avons énoncé que les relégués individuels formaient une espèce d'aristocratie du crime; or, si nous consultons les rapports du président de la Commission de classement, nous voyons que du 27 novembre 1885 au 27 novembre 1886, sur 655 individus relégués :

> 9 ont été classés comme relégués individuels,
> 546 ont été classés comme relégués collectifs,

et au nombre de ces derniers, 23 seulement désignés pour faire partie des sections mobiles.

Du 27 novembre au 31 décembre 1886: sur 61 relégués, 61 classés comme relégués collectifs, soit à destination de la Guyane, soit à destination de l'île des Pins, et 17, sur ce nombre, désignés pour faire partie de sections mobiles.

Du 1er janvier au 31 décembre 1887 :

> 13 ont été classés comme relégués individuels,
> 1,095 ont été classés comme relégués collectifs,

et au nombre de ces derniers, 96 désignés pour faire partie de sections mobiles (¹).

Il est vrai qu'il est observé, dans ce rapport, que ce classement, difficile à faire en France, sera beaucoup plus aisé aux colonies, où les aptitudes des relégués seront mieux connues; alors on pourra faire bénéficier un plus grand nombre de la relégation individuelle, le classement de la métropole n'étant qu'une œuvre provisoire. N'est-ce pas se bercer d'illusions? Il pourra se faire que le bénéfice de la relégation individuelle sera accordé à d'autres condamnés aux colonies; mais il ne faut pas se dissimuler que cet amendement sur lequel on compte, que cette régénération des malfaiteurs chargés de condamnations sans aptitude au travail, s'opérera par l'effet d'une traversée en mer? Les relégués individuels seront toujours peu nombreux; heureux ceux qui, comme de rares libérés, arriveront non pas à la fortune, mais à une aisance relative; peut-être sera-t-il plus fréquent de les voir réintégrer les pénitenciers de leurs collègues à titre collectif.

On peut donc dire que presque tous les relégués sont relégués collectifs. Or, le régime de la relégation collective, d'après l'examen auquel nous nous sommes livré, est plus sévère, plus dur que celui de la première classe des condamnés aux travaux forcés en cours de peine. Il est intéressant de rechercher dans quelle proportion les for-

---

(¹) Rapports de M. Dislère, président, au Ministre de l'intérieur. (*Journal officiel* du 4 mars 1887 et du 12 mars 1888.)

Du 1er janvier au 31 décembre 1888, aucun relégué n'a été désigné pour la relégation individuelle. Sur les 960 désignés pour la relégation collective, 134 ont été classés dans les sections mobiles. (Rapport de M. Dislère, *Journal officiel* du 27 mars 1889, p. 1511 et s.)

çats sont partagés dans chacune des cinq classes, pour voir si les relégués vont jouir du régime de la majorité des condamnés aux travaux forcés.

A la Guyane, les forçats se trouvaient ainsi répartis au 31 décembre 1884 [1] :

1re classe.......................	854
2e classe.......................	209
3e classe.......................	214
4e classe.......................	540
5e classe.......................	383

A la Nouvelle-Calédonie, à la même date [2] :

1re classe.......................	3,772
2e classe.......................	738
3e classe.......................	620
4e classe.......................	712
5e classe.......................	1,280

Si nous rappelons que le régime de la relégation collective peut être assimilé au régime de la deuxième classe plutôt qu'à celui de la première, nous voyons, en somme, que la moitié environ des condamnés aux travaux forcés subira un régime moins dur que les relégués. Et pourtant, le vœu du législateur, ainsi que nous l'avons vu, était de les assimiler aux condamnés libérés, bien loin de les astreindre au régime de ceux qui se trouvent en cours de peine !

Si à côté du régime en lui-même on considère la discipline, celle des condamnés aux travaux forcés est bien plus sévère.

---

[1] *Notice sur la transportation à la Guyane française et à la Nouvelle-Calédonie pour l'année 1884,* p. 17.

[2] *Ibid.,* p. 47.

Nous savons en quoi consistent les infractions qu'ils peuvent commettre et les châtiments qui sont réservés aux relégués; nous avons vu qu'à l'exception de l'interdiction de cantine, punition que l'on peut assimiler à la consigne militaire, et qui peut être infligée par un supérieur, toutes les autres peines sont prononcées par une espèce de tribunal disciplinaire, qui ne statue qu'après avoir entendu le coupable dans ses explications.

S'agit-il des condamnés aux travaux forcés, les peines sont autrement variées, autrement rigoureuses et dépendent de la volonté d'un chef qui n'admet point la réplique.

Retranchement de vin ou de tafia. Applicables aux écarts de conduite, tels qu'inconvenance vis-à-vis des chefs, ivresse, jeu d'argent, violation des règlements, paresse. Le maximum est de quinze jours. La prison de nuit est un accessoire nécessaire de la peine pour les forçats des quatrième et cinquième classes. En cas de récidive dans les trois mois, les condamnés des deux premières classes sont privés de salaire; ceux de la troisième, sont punis de prison; ceux des quatrième et cinquième, de la boucle simple ou double.

Prison de nuit. Réservée aux violences envers les chefs, insubordination, ivresse avec tapage, paresse persistante, refus d'obéissance, rixe. Le maximum de la peine est d'un mois. Elle entraîne, comme conséquence, privation de vin et tafia, suppression de salaire. Le condamné couche sur un lit de camp. S'il appartient aux quatrième et cinquième classes, il est mis à la boucle simple ou double. En cas de récidive dans les trois mois, la prison est remplacée par la cellule.

Ces deux punitions, retranchement de vin et tafia et

prison de nuit, sont infligées par le sous-directeur, le commandant du pénitencier ou le chef de camp.

La boucle simple ou double remplace la prison, si dans le quartier ne sont point établis des locaux de détention. Elle peut également servir à aggraver la cellule ou la prison

Cellule. Elle est prononcée pour fautes graves : actes d'immoralité, coups et violences, insulte ou menace à un agent ou fonctionnaire. Lacération volontaire d'effets, tentative d'évasion, rébellion ou mutinerie, vol ou larcin. Le maximum de la peine est de deux mois. Comme la prison, elle entraîne privation de vin ou de tafia, suppression de salaire. Les condamnés couchent sur un lit de camp, peuvent être mis au pain sec un jour sur trois, sont absolument isolés et astreints au travail. En cas de récidive dans les trois mois, ils sont envoyés au peloton de correction.

Peloton de correction. Les forçats qui encourent ce châtiment suivent le même régime que ceux de la cinquième classe. Au surplus, en dehors des heures de travail, ils sont enfermés dans leur case et soumis aux plus pénibles corvées. En cas de nouvelle faute, ils peuvent être mis à la chaîne simple ou à la chaîne à deux pendant quinze jours.

Cachot. Il est infligé au plus pour un mois :

A ceux qui ont été cinq fois mis en cellule ou qui y sont demeurés soixante jours.

A ceux placés au peloton de correction qui auraient mérité la cellule.

Le cachot entraîne privation de vin et de tafia et la mise au pain sec deux jours sur trois, la double boucle, la double chaîne et le lit de camp.

Ces peines sont infligées par le directeur de l'administration pénitentiaire, sur le rapport du sous-directeur, du commandant du pénitencier ou du chef de camp, sauf le cachot, qui est infligé par décision gouvernementale, sur le rapport du directeur.

La réintégration d'un condamné de première classe qui travaille chez l'habitant est prononcée d'office, ou sur la demande de ce dernier, par le directeur.

Chacune des peines prévues peut être prononcée sans préjudice du changement de classe. Ce changement est facultatif, lorsque le condamné se trouve en situation de se voir appliquer, en récidive, la peine qui entraînait primitivement le retranchement de vin ou de tafia, ou lorsqu'il a commis une faute punissable de la prison de nuit. Il est obligatoire lorsque la faute est de nature à être punie de la cellule.

Le renvoi à la cinquième classe est facultatif pour les fautes punissables de cellule et pour les récidives de ceux qui, à raison d'un premier écart, n'eussent subi que la prison de nuit. Il est obligatoire contre les condamnés qui commettent en récidive un fait qui eût mérité la cellule.

Les surveillants n'ont aucun droit de punir; ils peuvent uniquement prendre des mesures préventives, se bornant à l'arrestation, ou à la mise à la boucle ou en prison du condamné indiscipliné.

Il est facile de se convaincre, à la lecture de cette nomenclature des fautes et des peines, que le régime disciplinaire des transportés est singulièrement plus dur et plus sévère que celui des relégués; les peines, en elles-mêmes, sont plus rigoureuses et prononcées, sans entendre le condamné, par un chef unique sur des rapports qui lui sont faits, et auxquels il ne manque pas de donner son approbation ; et l'on peut même dire que celui qui frappe, frappe inexorablement, car la pitié lui est interdite par un texte précis qui lui trace son devoir étroit. Telle faute sera réprimée de telle façon, tandis qu'au contraire, s'il s'agit d'un relégué, le tribunal disciplinaire qui le punit peut, en ayant égard aux circonstances de fait, aux explications fournies, pour la faute la plus grave, n'appliquer que la peine la plus légèrè. Le juge a un pouvoir souverain d'appréciation.

ART. 19.

« Est abrogée la loi du 9 juillet 1852, concernant l'interdiction, par voie administrative, du séjour du département de la Seine et des communes formant l'agglomération lyonnaise.

» La peine de la surveillance de la haute police est supprimée. Elle est remplacée par la défense faite au condamné de paraître dans les lieux dont l'interdiction lui sera signifiée par le Gouvernement avant sa libération.

» Toutes les autres obligations et formalités imposées par l'article 44 du Code Pénal sont supprimées à partir de la promulgation de la présente loi, sans qu'il soit, toutefois, dérogé aux dispositions de l'article 635 du Code d'Instruction Criminelle.

» Restent, en conséquence, applicables pour cette interdiction, les dispositions antérieures qui réglaient l'application ou la durée, ainsi que la remise ou la suppression de la haute police, et les peines encourues par les contrevenants, conformément à l'article 45 du Code Pénal.

» Dans les trois mois qui suivront la promulgation de la présente loi, le Gouvernement signifiera aux condamnés, actuellement soumis à la surveillance de la haute police, les lieux dans lesquels il leur sera interdit de paraître pendant le temps qui restait à courir de cette peine. »

L'article 19 de la loi qui nous occupe, après avoir abrogé la loi de 1852 qui, par une mesure opportune de sûreté, permettait au gouvernement d'interdire par voie administrative à certains condamnés le séjour du département de la Seine et de l'agglomération lyonnaise, interdiction qui sera désormais plus générale et s'appliquera à d'autres grandes villes, dispose que la surveillance de la haute police est abrogée et qu'il y est substitué la défense faite aux condamnés de paraître dans certains lieux.

Depuis longtemps on s'était ému de la situation faite aux condamnés soumis à la surveillance de la haute police : astreints à des résidences assignées d'avance, obligés de faire viser leur livret à certaines dates dans les bureaux de police, à cause de leur situation ne trouvant nulle part à s'occuper, ils étaient réduits, pour vivre, par la force même des choses, à abandonner leur séjour sans les autorisations réglementaires : s'écartaient-ils de la route tracée, abandonnaient-ils un quart d'heure la circonscription de la commune déterminée, ils commettaient le délit de rupture de ban, devenu si fréquent à cause même de la facilité avec laquelle il pouvait être perpétré. L'on songeait à porter remède à cet état de choses. Le législateur de 1885 en a trouvé un énergique et radical : il a abrogé la surveillance de la haute police : son œuvre mériterait l'admiration, s'il avait, au moins, remplacé d'une manière efficace ce qui constituait, avec des inconvénients, il est vrai, un véritable système de protection sociale. Malheureusement, la peine substituée à la surveillance n'aura et ne peut avoir aucun des effets utiles de l'ancienne.

L'interdiction de résider dans certains lieux déterminés par l'administration n'a aucune efficacité; c'est un châtiment tout platonique qui ne gêne en rien le condamné et n'assure aucune sécurité.

C'est un châtiment platonique ! Il est vrai que les mesures les plus détaillées et les plus minutieuses sont prises pour signaler aux parquets les condamnés auxquels l'accès de certaines villes ou communes suburbaines est interdit. Aussitôt l'interdiction prononcée, l'autorité administrative est prévenue ; elle signifie alors au condamné les lieux où il ne pourra se montrer; cette signification ne peut évidemment lui être faite que pendant qu'il purge la peine principale, d'où difficulté, si la peine principale est de courte durée, pour lui adresser les notifications réglementaires. Il y a des délais à observer, des rapports à faire de gardien chef à directeur, de directeur à préfet, et l'on sait avec quelle promptitude se font les communications administratives! Pendant ce temps la peine suit son cours, et lorsque les notifications sont prêtes, le condamné a franchi, libre, le seuil de la geôle. L'on s'est bien vite aperçu de ces desiderata, et pour y remédier le Ministre de la justice a-t-il adressé à tous les parquets, au mois de septembre 1885, une circulaire prescrivant, quand la peine prononcée serait inférieure à un mois, d'envoyer immédiatement à l'administration pénitentiaire, sans attendre les délais d'appel, les extraits de jugement ou d'arrêt, afin que l'on pût notifier à temps les localités interdites, sauf à compléter ensuite ces extraits par des certificats de non-appel ou de non-pourvoi.

Mais tout en supposant que la notification au condamné des lieux où il lui est interdit de paraître lui soit régulièrement faite, à quoi va-t-elle servir dans beaucoup de cas? Les localités interdites sont : les départements de la Seine, Seine-et-Marne, Seine-et-Oise, Nice et Cannes, Marseille, Bordeaux et la banlieue, Saint-Étienne, Nantes, Lille, Pau, Lyon et l'agglomération, Le Creuzot (Saône-et-Loire). Elles sont interdites d'une manière générale, et sont de droit comprises dans la condamnation.

D'autres lieux peuvent être interdits à titre spécial :
l'Algérie, la Corse, la circonscription communale et les
annexes de toute maison centrale où le condamné a été
détenu, enfin les communes, arrondissements ou départements où le condamné aura commis les crimes d'attentat
à la pudeur, de meurtre, d'incendie ou menace de mort.
Ce sont les préfets qui font connaître à l'administration
centrale les localités qui pourraient être interdites à titre
particulier. (Circulaire du Ministre de l'intérieur à préfets,
du 1er juillet 1885.)

Il est inutile de dire que ces bonnes résolutions de
l'administration sont rarement mises en pratique, et que
dans les trente-deux feuilles signalétiques adressées aux
parquets jusqu'à ce jour, c'est à peine si l'on trouve quelques cas d'interdiction spéciale.

L'interdiction de séjour est-elle une garantie de sécurité? La présence des condamnés redoutables et redoutés
dans leur région, qu'ils ne quittent pas, où ils reviennent
après avoir purgé leur peine, constitue un danger, un
trouble à l'ordre public dans le pays qu'ils habitent. La
cour d'assises ou le tribunal leur inflige une interdiction
de séjour, pour aggraver leur peine! Quelle sera son
utilité? Tel condamné charentais ou périgourdin se verra
interdire la Seine, la Gironde, l'agglomération lyonnaise,
Nice, Cannes où il aurait pu lui prendre fantaisie de faire
une excursion, et ce sera une aggravation de peine, et
cette aggravation sera profitable au corps social! Mais
c'est la Charente, c'est la Dordogne qu'il fallait lui interdire
et protéger contre ses entreprises. Les préfets, dira-t-on,
peuvent le faire par voie d'interdiction spéciale! C'est
une faculté, faculté très limitée d'ailleurs et dont il n'est
pour ainsi dire pas usé en pratique.

Si la mesure nouvelle protège peu ou point le pays d'origine de l'interdit, ou celui où il a commis ses méfaits, a-t-elle au moins l'avantage d'empêcher le condamné de fréquenter les localités dont l'accès lui est défendu et pour la sûreté desquelles la peine a été imaginée? Cela est moins que certain.

La résidence obligée imposait jadis, aux condamnés libérés, certaines obligations qui permettaient à la police d'avoir l'œil sur eux. La quittaient-ils, on le savait bien vite, et bien vite ils étaient aux mains de la justice. L'interdiction de séjour laisse à celui qui y est soumis la liberté la plus entière. Le séjour de certaines villes va être interdit, les régions voisines et les villes à proximité deviendront le refuge et la proie des libérés. Et peut-on bien les empêcher de fréquenter les lieux interdits? C'est bien difficile, pour ne point dire impossible; la police n'a sur la plupart aucune prise, et ignore presque toujours les noms et signalements des condamnés; leur nombre est, en effet, si considérable, qu'il est impossible de connaître chacun d'eux; connaît-on leurs noms, à moins qu'il ne s'agisse de criminels célèbres et de haute marque, il est impossible de constater l'infraction; aussi peut-on dire que l'interdiction de séjour laisse aux condamnés toutes facilités de fréquenter les villes mêmes où ils ne doivent aller, par cette raison bien simple qu'ils y seront inconnus jusqu'au jour où une infraction nouvelle obligera de rechercher leur identité et permettra d'établir les contraventions à l'interdiction de séjour.

A la surveillance de la haute police qui, avec ses inconvénients, avait aussi de sérieux avantages, le législateur de 1885 n'a pour ainsi dire rien substitué, car l'interdiction de séjour est un châtiment illusoire. Il a démoli l'édifice ancien sans songer sérieusement si celui qu'il élevait à sa place serait solidement construit. Il n'a élevé qu'un château de cartes qui fait illusion à l'œil, mais qui est impuissant à résister au moindre souffle.

La loi de 1885 a-t-elle au moins atteint son but en substituant les mesures nouvelles à la surveillance de la haute police? L'un des principaux motifs de l'abrogation des textes de lois édictant cette peine accessoire était tiré de ce que la situation faite aux surveillés était intolérable, qu'elle leur rendait toute occupation impossible, que personne ne voulait leur procurer de travail, ni les employer, sachant qu'ils étaient repris de justice; que, dans leur intérêt même, il fallait laisser une plus grande liberté aux condamnés, ne plus les astreindre à un parcours et à une résidence obligés! Si la nouvelle loi a eu des effets utiles, nous devons donc constater que les condamnés ont diminué en nombre. Certes, il n'y a pas à chercher à établir de comparaison entre le chiffre des condamnés pour rupture de ban et le chiffre des condamnés pour infraction à l'interdiction de séjour; il est clair que la nouvelle infraction sera beaucoup plus rare que la rupture de ban, la constatation en étant d'une part beaucoup plus difficile et la perpétration beaucoup moins aisée. D'ailleurs, la statistique confirme ce que nous avançons : la moyenne des condamnations pour ban rompu dans la période de 1881 à 1885 étant de 4,573 par année, alors que pendant l'année 1886 l'on constate seulement 1,290 condamnés pour infraction à l'interdiction de résidence. Le chiffre de 4,573 qui, normalement, eût dû être dépassé, chaque année le nombre des condamnés augmentant, est loin d'être atteint; il s'en faut des trois quarts à peu près.

Pour rechercher, donc, si cette catégorie spéciale d'individus qui étaient frappés par la justice pour rupture de ban sous l'empire des anciens textes, a répondu aux espérances du législateur ; si les malheureux, que l'obligation de résider en certains lieux réduisait à la famine, ont eu, avec la loi nouvelle, une existence de travailleurs honnêtes, il faut se demander s'ils n'ont point de nouveau couru les chemins en vagabonds et en mendiants.

Il n'est pas inutile de rappeler que les condamnés pour ban rompu appartiennent par leurs tendances, leurs goûts, leurs habitudes, à cette classe innombrable de gens sans feu ni lieu, qui voyagent sans but, ne vivant que de rapines, de mendicité et de vol. C'est le fond de l'armée des vagabonds. La plupart des condamnés pour ban rompu étaient en effet poursuivis en même temps pour vagabondage ou mendicité ; et, comme la rupture de ban était le délit le plus fort, c'est sous cette infraction qu'ils étaient compris à la statistique. Or, si la somme des condamnés pour vagabondage, mendicité et infraction à l'interdiction de séjour est, en 1886, supérieure à la somme des condamnés pour vagabondage, mendicité et rupture de ban pendant les années précédentes, nous pourrons en conclure que ceux dans l'intérêt desquels la nouvelle loi a été faite, ont de nouveau fréquenté les tribunaux pendant l'année 1886, sous une inculpation nouvelle.

Or, nous relevons dans le compte rendu de la justice criminelle les chiffres suivants :

Nombre des condamnés en 1882.

Pour ban rompu	4,954
— vagabondage	13,583
— mendicité	7,771
Total	26,308

Nombre des condamnés en 1883.

Pour ban rompu	4,941
— vagabondage	15,076
— mendicité	8,786
Total	28,803

Nombre des condamnés en 1884.

Pour ban rompu	5,035
— vagabondage	16,110
— mendicité	8,786
Total	29,931

Nombre des condamnés en 1885.

Pour infraction à l'interdiction de séjour ou pour rupture de ban	2,594
Pour vagabondage	18,444
— mendicité	10,013
Total	31,051

Nombre des condamnés en 1886.

Pour infraction à l'interdiction de séjour	1,290
— vagabondage	18,942
— mendicité	14,025
Total	34,257

Nombre des condamnés en 1887.

Pour infraction à l'interdiction de séjour	1,091
— vagabondage	17,431
— mendicité	13,740
Total	32,262

Que conclure de ces chiffres?

Avant 1885, le délit de rupture de ban se maintient dans les environs de 5,000; seule, la somme des délits de vagabondage et mendicité augmente chaque année d'un chiffre qui peut varier de 1,500 à 2,500.

En 1885, alors que la surveillance de la haute police est abrogée, que depuis le 28 mai le délit de rupture de ban n'est pas poursuivi, on constate seulement 2,594 ruptures de ban, ou infractions à l'interdiction de séjour (mais ces dernières forcément peu nombreuses, car on ne pouvait au lendemain de la loi signifier aux anciens surveillés les lieux interdits); d'autre part, la somme des vagabonds ou mendiants s'est accrue de près de 4,000, ce qui autorise bien à penser que les causes de cet accroissement subit proviennent de ce que les anciens surveillés, au lieu d'être poursuivis pour rupture de ban, se sont fait condamner pour mendicité surtout et vagabondage. L'année 1886 vient encore confirmer ce que nous avançons. On ne compte que 1,290 infractions à l'interdiction de séjour, mais la somme des vagabonds ou mendiants s'accroît de plus de 4,000. Les résultats de l'année 1887 corroborent également notre opinion. Si la somme des trois infractions est sensiblement inférieure à ce qu'elle était en 1886, il est bon de remarquer que le chiffre des infractions pour interdiction de séjour est dérisoire, et qu'au contraire la somme des délits de vagabondage et mendicité atteint encore un nombre supérieur à ceux des années antérieures à 1886.

Il est donc démontré, statistique en main, que ceux qui, avant 1885, subissaient des condamnations pour rupture de ban, sont, après cette époque, déférés encore à la juridiction correctionnelle sous les préventions de vagabondage ou de mendicité.

Enfin, un phénomène assez curieux à noter : l'augmentation progressive, la moyenne d'accroissement annuel de ces trois sortes de condamnés qui pouvait varier de 1,500 à 2,500 antérieurement à 1885, est tout d'un coup montée à plus de 3,200 en 1886. Il n'est pas difficile d'en saisir la cause. Dès l'abrogation des mesures de haute police, nombre de surveillés, tenus en respect par crainte de rompre leur ban, demeuraient à leur résidence; l'obligation de séjour abrogée, ils se sont mis à courir les routes et les villes; ils étaient en trêve momentanée avec la justice tant que la peur de rompre leur ban les maintenait dans la ville qui leur était désignée; le danger de la quitter n'existant plus, ils voyagent, commettant, de-ci de-là, délits de vagabondage et mendicité.

Il résulte bien clairement de ces éléments statistiques, que le législateur n'a pas atteint le but qu'il se proposait en abrogeant la surveillance : ceux qui bénéficient de cette abrogation ne travaillent pas plus que par le passé, ils vagabondent et ils mendient comme devant, sans être surveillés, en attendant de commettre des infractions plus graves.

M. Dislère, président de la Commission de classement des relégués, s'exprimait ainsi dans son rapport (*Journal officiel*, 4 mars 1887) :

« Il est certain que la suppression de la surveillance » de la haute police réduira d'une manière très notable le » nombre des condamnations : pour beaucoup de récidi- » vistes, la Commission a pu se convaincre, surtout par les » renseignements recueillis auprès des prisonniers eux- » mêmes, que l'impossibilité presque matérielle de trouver » de l'ouvrage dès qu'ils étaient soumis à la surveillance » de la haute police, a été la cause déterminante de la vie » de vagabondage à laquelle ils se sont livrés. » L'honorable président de la Commission escomptait encore, en

1887, les effets de l'abrogation de la surveillance de la
haute police, mais les renseignements de statistique que
nous avons fournis détruisent, d'une manière bien formelle, les espérances que l'on avait fondées.

Cependant, dans le rapport que M. Dislère adresse au
Président de la République, pour l'année 1887 (*Journal
officiel*, 12 mars 1888), il remarque : « La réduction
» que nous avons prévue commence à se faire sentir : le
» nombre moyen des condamnations est tombé de 14,9 à
» 12,3 ; il est probable que cette réduction s'accentuera
» d'une manière très sensible. »

Nous n'en disconvenons pas ; il est certain que plus on
ira, moins s'élèvera le nombre moyen des condamnations
de chaque relégué ; mais le devra-t-on à l'abolition de la
surveillance ? Point du tout. Les ci-devant surveillés mendient et vagabondent, c'est un fait certain ; ils ne sont plus
condamnés pour rupture de ban, ou plutôt pour le délit
qui le remplace, mais pour mendicité surtout et vagabondage. Il y aura toujours un nombre respectable, tous les
ans, de condamnés de ces catégories. Si le chiffre moyen
des condamnations des relégués diminue, c'est pour le
motif suivant : sont surtout exposés à être pris et relégués
ceux qui, le plus fréquemment, sont traduits en justice.
Or, depuis l'application de la loi on a surtout relégué
les condamnés qui avaient le casier judiciaire le mieux
rempli. Quand il se sera écoulé un certain temps, l'on
ne trouvera plus de ces phénomènes chargés de plus de
quarante, cinquante et soixante condamnations ! Voilà ce
qui bien vite augmente une moyenne.

L'article 19 ne donne lieu, d'ailleurs, à aucune difficulté
sérieuse, théorique ou pratique ; pendant la période transitoire qui s'est écoulée entre le 27 mai et le 26 novembre

1885, on pouvait se demander si la surveillance pouvait encore être prononcée, ou bien si on devait appliquer l'article 19 et, au lieu et place de la surveillance, punir d'interdiction de séjour. La question portée devant les cours a été tranchée dans ce dernier sens. Quoique la loi du 27 mai ne pût devenir exécutoire qu'à partir de la promulgation d'un règlement d'administration publique qui devait paraître dans les six mois, l'on a décidé qu'elle était promulguée, mais qu'il était sursis à son exécution quant à la relégation : l'article 19 dispose qu'il sera applicable dès la promulgation, or la promulgation date du 28 mai (¹).

Ces questions sont aujourd'hui sans intérêt.

L'article 19, supprimant la surveillance, qu'allait-il advenir des condamnés qui avaient à subir ou subissaient cette peine? La réponse est dans l'article 19 lui-même, et une circulaire du Ministre de l'intérieur du 1ᵉʳ juillet 1885 indique clairement que la peine étant abrogée, elle ne doit plus être subie et que les condamnés en sur- veillance doivent apprendre, par les soins de l'adminis- tration, les lieux qui leur sont interdits. Ces instructions aux préfets contiennent les moyens pratiques de porter dans le délai déterminé à la connaissance des intéressés les nouvelles dispositions qui leur étaient applicables. Elles n'ont rien de particulièrement intéressant. D'ailleurs, ce sont à peu de chose près les mêmes moyens employés aujourd'hui et qu'il nous faut indiquer pour informer les condamnés des localités dont le séjour leur est prohibé.

______

(¹) Cass., 19 et 20 juin 1885. D. P. 1885. 1. 472. — 9 juillet 1885. D. P. 1886. 1. 348.

Le directeur de la maison pénitentiaire transmet au préfet des notices individuelles portant signalement de l'interdit et tous renseignements utiles sur son compte, renseignements émanant du parquet du tribunal qui a prononcé la condamnation principale. Le préfet adresse lui-même au Ministre les pièces, avec l'indication des régions ou villes qu'en dehors de celles interdites à titre général, il y a lieu d'interdire à titre spécial.

Le Ministre de l'intérieur prend un arrêté conforme aux renseignements qu'il a reçus et l'envoie au préfet de la circonscription pénitentiaire où le condamné subit sa peine, pour qu'il lui soit notifié et qu'il lui en soit délivré copie.

Il est inutile, après avoir lu et énuméré ces multiples et longues formalités, de se demander si les lois nouvelles simplifient la besogne administrative !

L'on comprend facilement que ces rapports et contre-rapports, se croisant et s'entre-croisant, doivent prendre un certain temps; aussi, si la peine principale est de courte durée, l'on se demande si, malgré les précautions recommandées par la circulaire ministérielle précitée, qui prescrit aux parquets de transmettre aux prisons, si la peine est inférieure à un mois, un extrait provisoire de jugement, il sera toujours possible de notifier au condamné les séjours qui lui sont interdits !

Pour que les parquets puissent connaître les individus frappés de l'interdiction de séjour, le Ministre de l'intérieur fait dresser tous les mois des états signalétiques à l'aide des notices reçues des préfets; ces états leur sont transmis par les soins de l'administration.

Ces feuilles signalétiques, qui sont au nombre de trente deux actuellement, forment un véritable volume dans

lequel on peut, avec de la patience, vérifier si le délinquant est ou non en contravention à l'interdiction de
séjour. Aujourd'hui cette vérification est relativement
facile; mais avec les années, à douze feuilles par année,
le travail sera plus compliqué, et dans les grands centres
où les arrestations sont nombreuses ce sera tout un travail que ces recherches.

Au surplus, nous l'avons vu, l'interdiction à titre
général est la seule, on peut le dire, qui soit prononcée
(l'interdiction spéciale l'étant très exceptionnellement);
pourquoi envoyer alors à tous les parquets de France ces
feuilles signalétiques qui n'ont d'intérêt que pour les parquets des lieux interdits?

Si un condamné est l'objet d'une interdiction spéciale,
il serait bien plus simple d'en informer les parquets
intéressés, spécialement, plutôt que de les doter tous les
mois de feuilles signalétiques qui ne sont pas lues et
où l'interdiction spéciale qui les intéresse est cachée au
milieu d'un très grand nombre d'autres.

L'article 19 laisse subsister l'article 635 du Code d'Instruction Criminelle. Il indique, en outre, que l'interdiction de séjour sera régie quant à sa durée, sa remise ou
sa suppression conformément aux règles applicables à la
surveillance de la haute police; il n'y a donc qu'à s'en
référer sur ces divers points à la pratique admise.

On s'est demandé si la relégation était compatible avec
l'interdiction de séjour? Si ces peines s'excluaient l'une
l'autre? Il semble puéril de poser la question, puisque la
relégation est perpétuelle et qu'on ne saurait infliger
l'interdiction de séjour en France à un condamné relégué
aux colonies pour le reste de sa vie. Cependant, l'intérêt de
la question apparaît dans le cas, dit M. Laborde (journal

la Loi du 22 mai 1886), où un relégué aurait été relevé de la peine accessoire prononcée contre lui, soit par mesure gracieuse, soit à la suite d'infirmités; il paraît injuste, remarque-t-il, qu'il ne soit pas soumis à l'interdiction de séjour. Je ne vois guère où est l'injustice! Un infirme est relevé de la relégation, pourquoi lui infliger une autre peine? Un relégué est dispensé par mesure gracieuse de son châtiment perpétuel, parce qu'il a racheté par sa conduite ses fautes passées, pourquoi serait-il soumis à un nouveau, au moment où la faveur du prince atteste qu'il a donné des garanties suffisantes de moralité? Même en droit pénal, donner et retenir ne vaut. La Cour de Cassation a d'ailleurs formellement tranché la question dans notre sens (¹).

ART. 20.

« La présente loi est applicable à l'Algérie et aux colonies.

» En Algérie, par dérogation à l'article 2, les conseils de guerre prononceront la relégation contre les indigènes des territoires de commandement qui auront encouru, pour crimes ou pour délits de droit commun, les condamnations prévues par l'article 4 ci-dessus. »

Il est inutile d'insister sur cette disposition de loi qui contient purement et simplement, pour l'Algérie, une exception à l'article 2. Aux termes de cet article, seuls en France, les tribunaux de droit commun peuvent appliquer la loi du 25 mai 1885. En Algérie, les tribunaux d'exception, les conseils de guerre, infligeant des peines de droit commun, devront prononcer la relégation quand

---

(¹) Cass., 8 avril 1886. P. F. 1886. 1. 110; — 2 sept. 1886. B. 317. 1886, p. 258. — 25 mars 1887. B. 117. 1887, p. 180. — D. P. 1887. 1. 414. — P. F. 1887. 1. 392. — 20 mai 1887. B. 200. 1887, p. 308. — 20 sept. 1888. B. 295. 1888, p. 462.

il y aura lieu. Ils y sont tenus comme les tribunaux ordinaires en France.

Art. 21.

« La présente loi sera exécutoire à partir de la promulgation du règlement d'administration publique mentionné au dernier paragraphe de l'article 18. »

Nous nous sommes suffisamment expliqué dans le courant de notre commentaire des précédents articles, pour qu'il soit inutile de revenir sur les difficultés, aujourd'hui pour la plupart sans intérêt pratique, qui pourraient s'élever au sujet de la date de la promulgation de la loi.

Art. 22.

« Un rapport sur l'exécution de la présente loi sera présenté chaque année, par le Ministre compétent, à M. le Président de la République. »

Art. 23.

« Toutes les dispositions antérieures sont abrogées en ce qu'elles ont de contraire à la présente loi. »

Ces deux articles se passent de commentaires.

TABLE DES MATIÈRES

Bordeaux. — Imp. G. GOUNOUILHOU, rue Guiraude, 11.